Renate Sültz & Uwe H. Sültz

VINYL

BoD - Books on Demand

Norderstedt 2018

Bibliografische Information durch die Deutsche Nationalbibliothek

Die Deutsche Nationalbibliothek verzeichnet diese Publikation in der Deutschen Nationalbibliografie; detaillierte bibliografische Daten sind im Internet über http://dnb.dnb.de abrufbar.

Herstellung und Verlag:

BoD – Books on Demand, Norderstedt

ISBN 9-78374-6-09732-9

Fach Nr.	Titel	Mono Stereo Quadro	Typ LP	Abspielart Single	Nass Trocken	System MM MC	Nadeltyp Konisch Elliptisch Shibata VDH

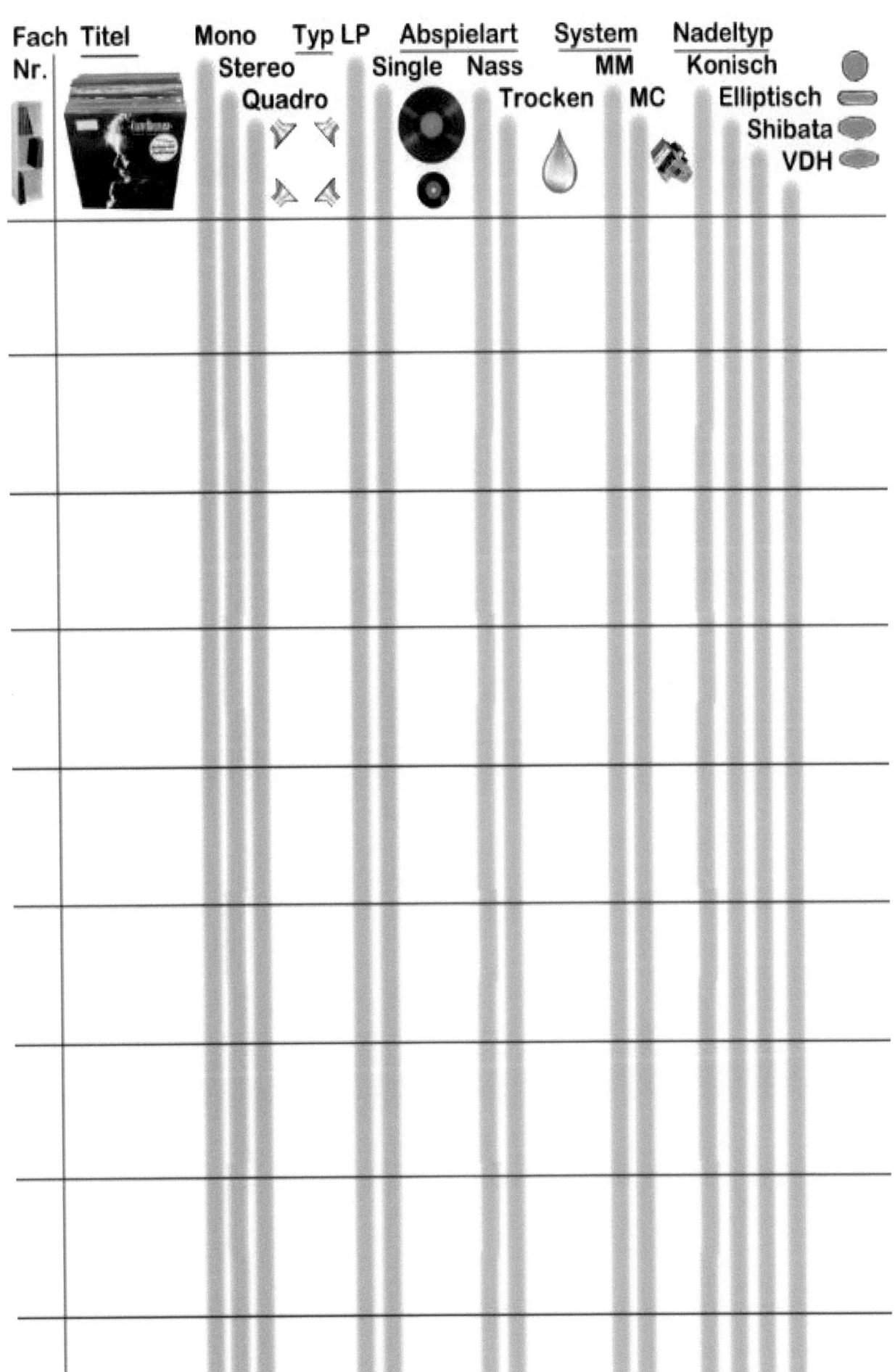

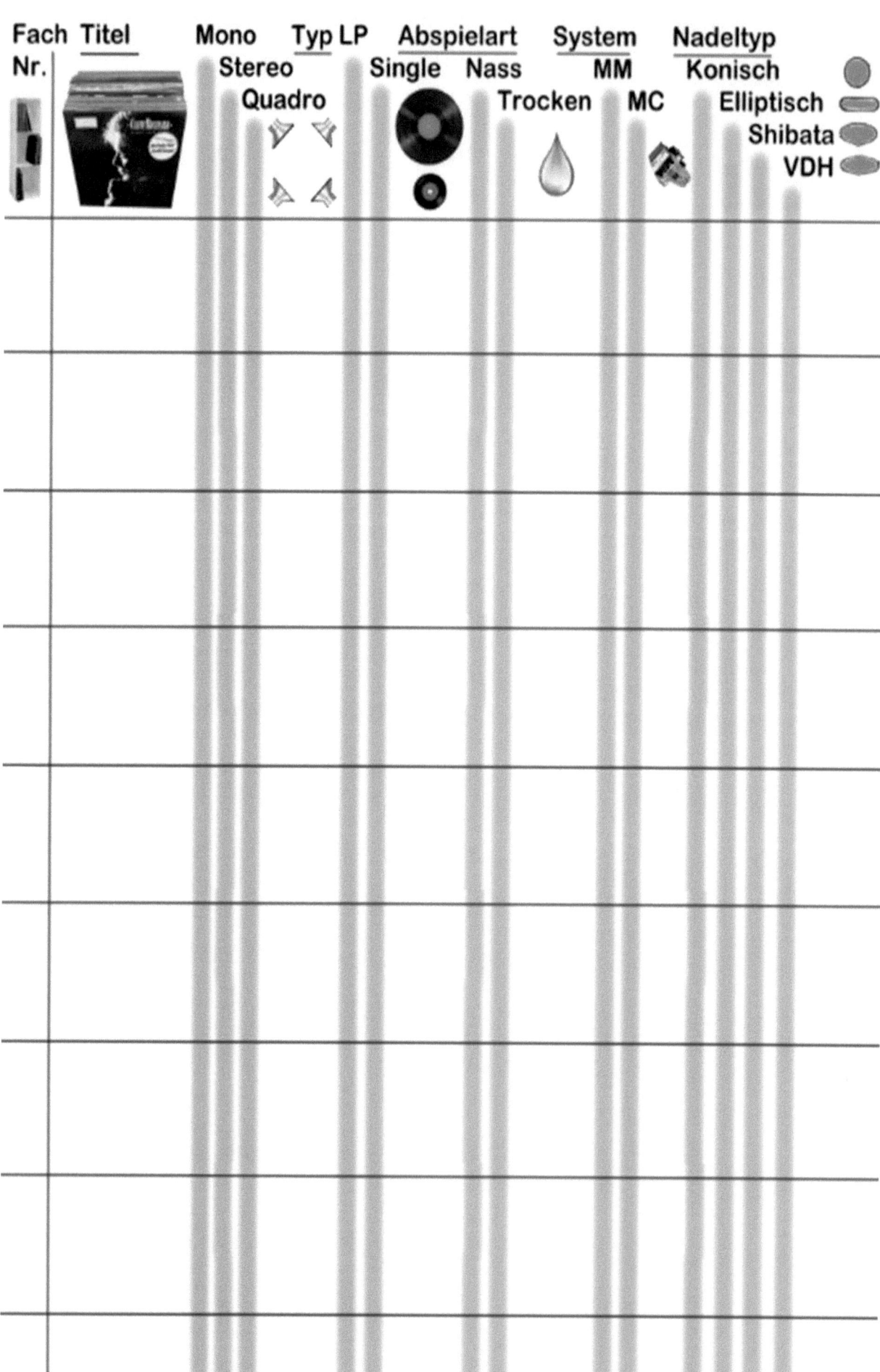

Fach Nr.	Titel	Mono Stereo Quadro	Typ LP Single	Abspielart Nass Trocken	System MM MC	Nadeltyp Konisch Elliptisch Shibata VDH

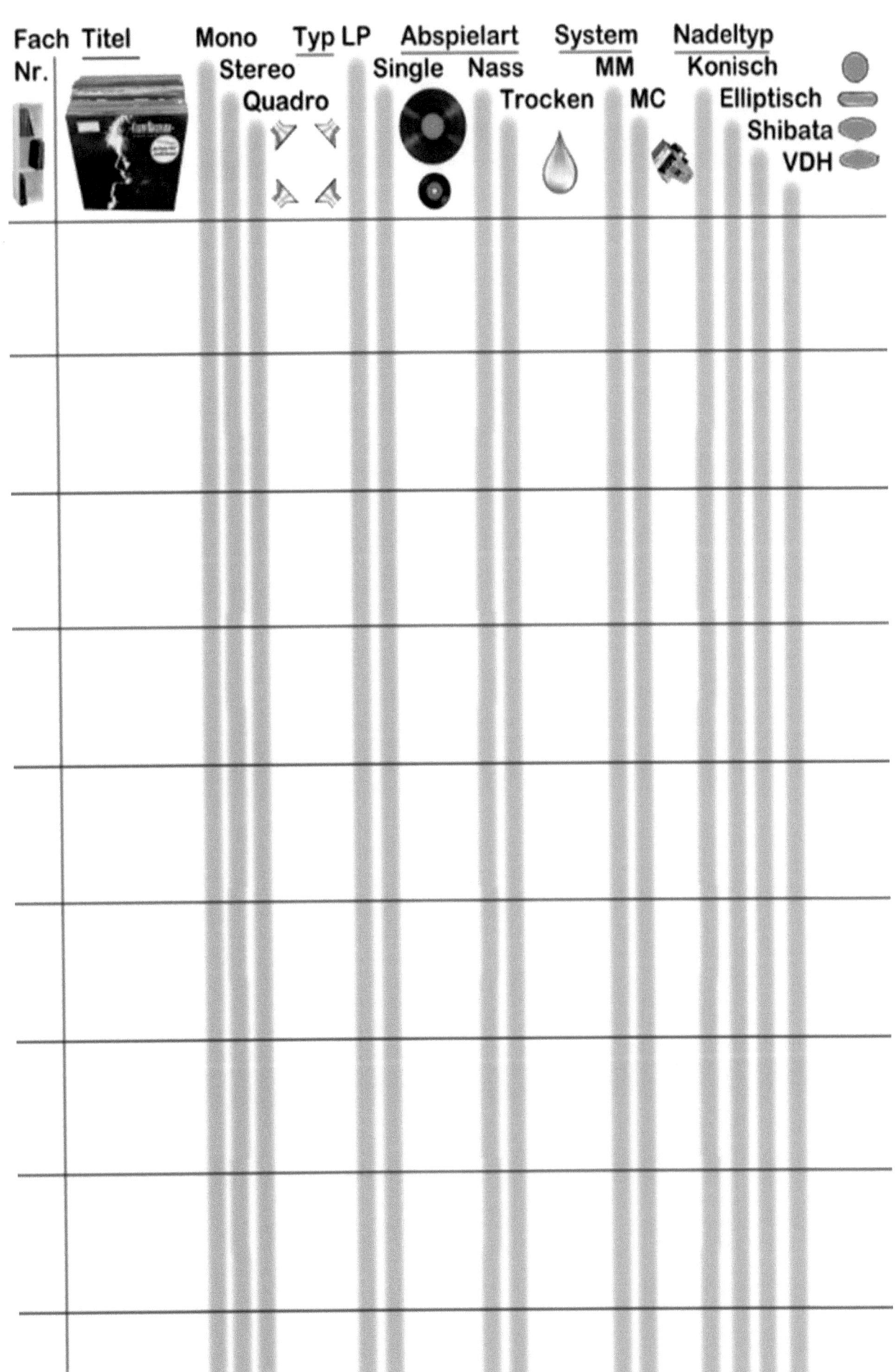

Fach Nr.	Titel	Mono Stereo Quadro	Typ	LP Single	Abspielart	System Nass Trocken	MM MC	Nadeltyp Konisch Elliptisch Shibata VDH

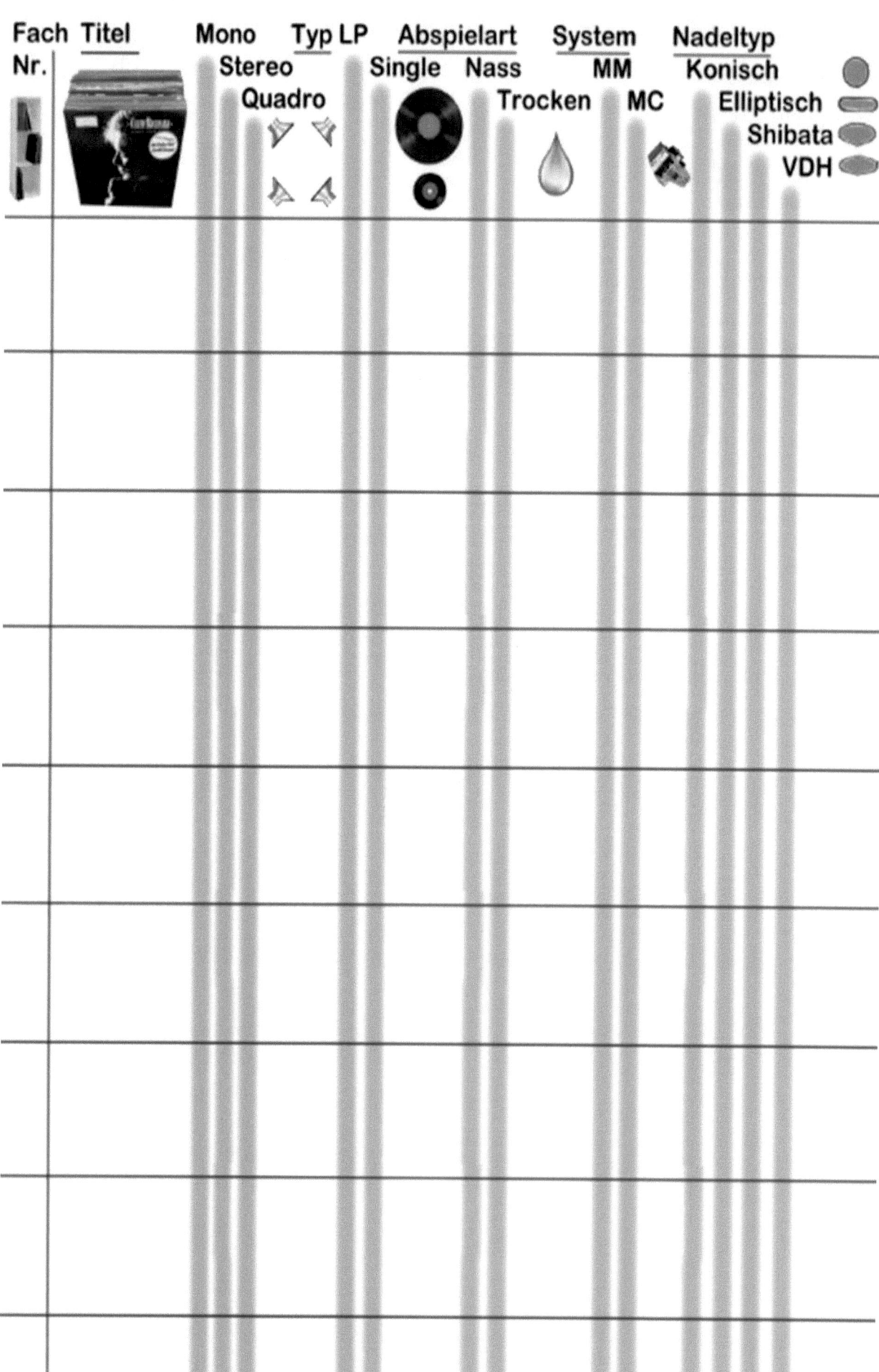

Fach Nr.	Titel	Mono Stereo Quadro	Typ LP Single	Abspielart Nass Trocken	System MM MC	Nadeltyp Konisch Elliptisch Shibata VDH

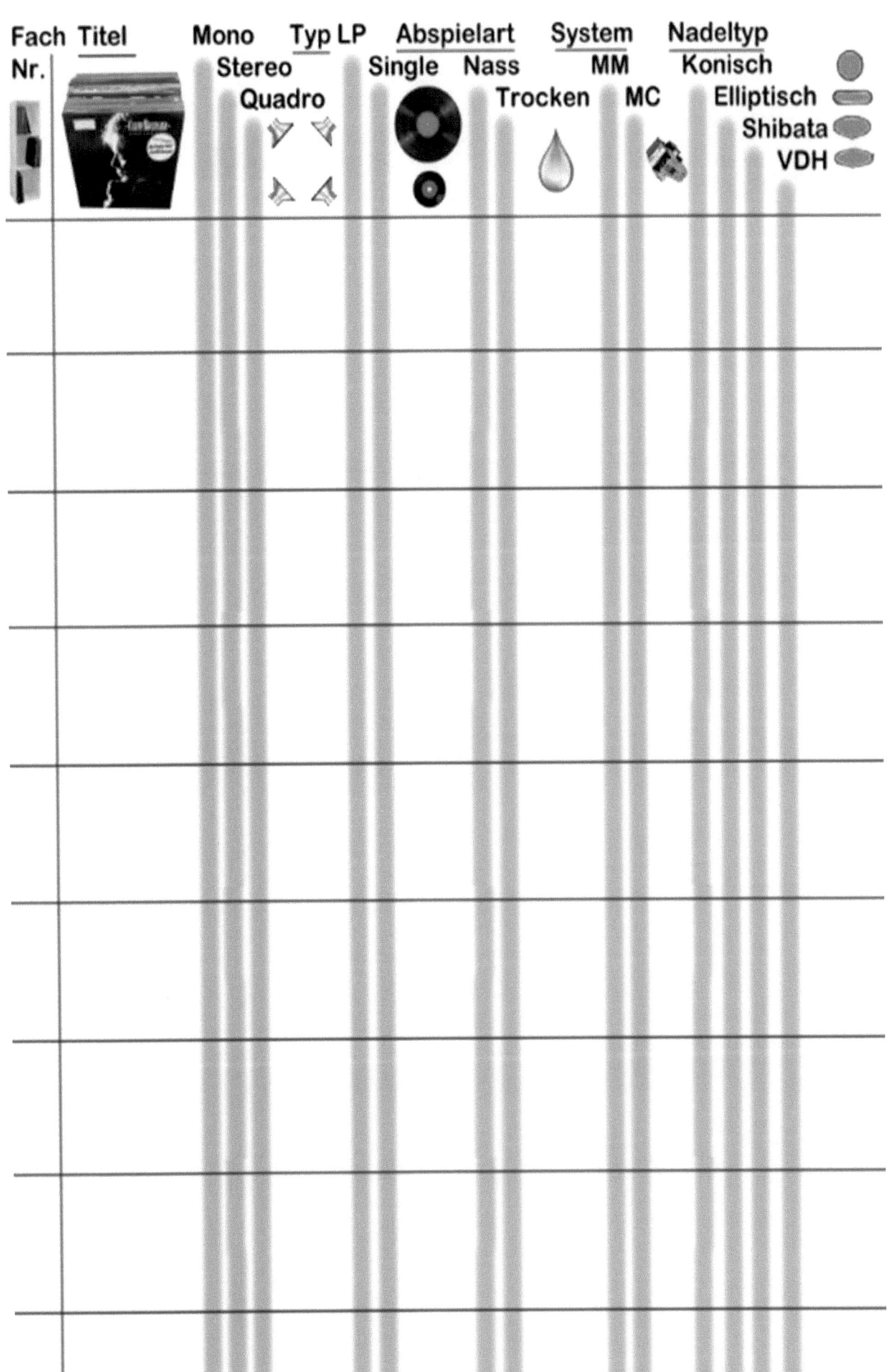

Fach Nr.	Titel	Mono Stereo Quadro	Typ	LP	Abspielart Single	Nass Trocken	System MM	MC	Nadeltyp Konisch	Elliptisch Shibata VDH

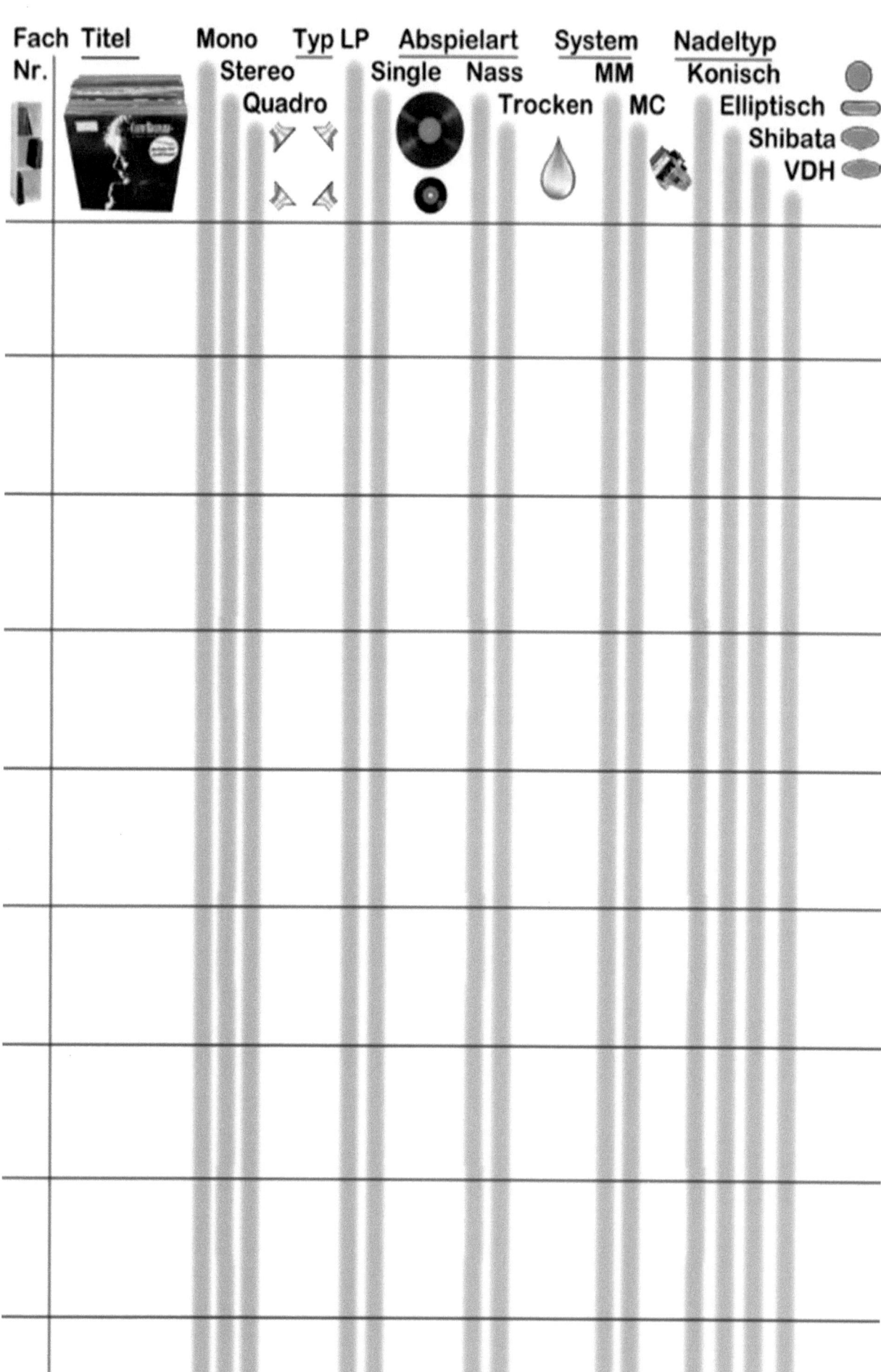

Fach Nr.	Titel	Mono Stereo Quadro	Typ LP Single	Abspielart Nass Trocken	System MM MC	Nadeltyp Konisch Elliptisch Shibata VDH

Fach Nr.	Titel	Mono Stereo	Typ Quadro	LP Single	Abspielart	Nass Trocken	System MM MC	Nadeltyp Konisch Elliptisch Shibata VDH
	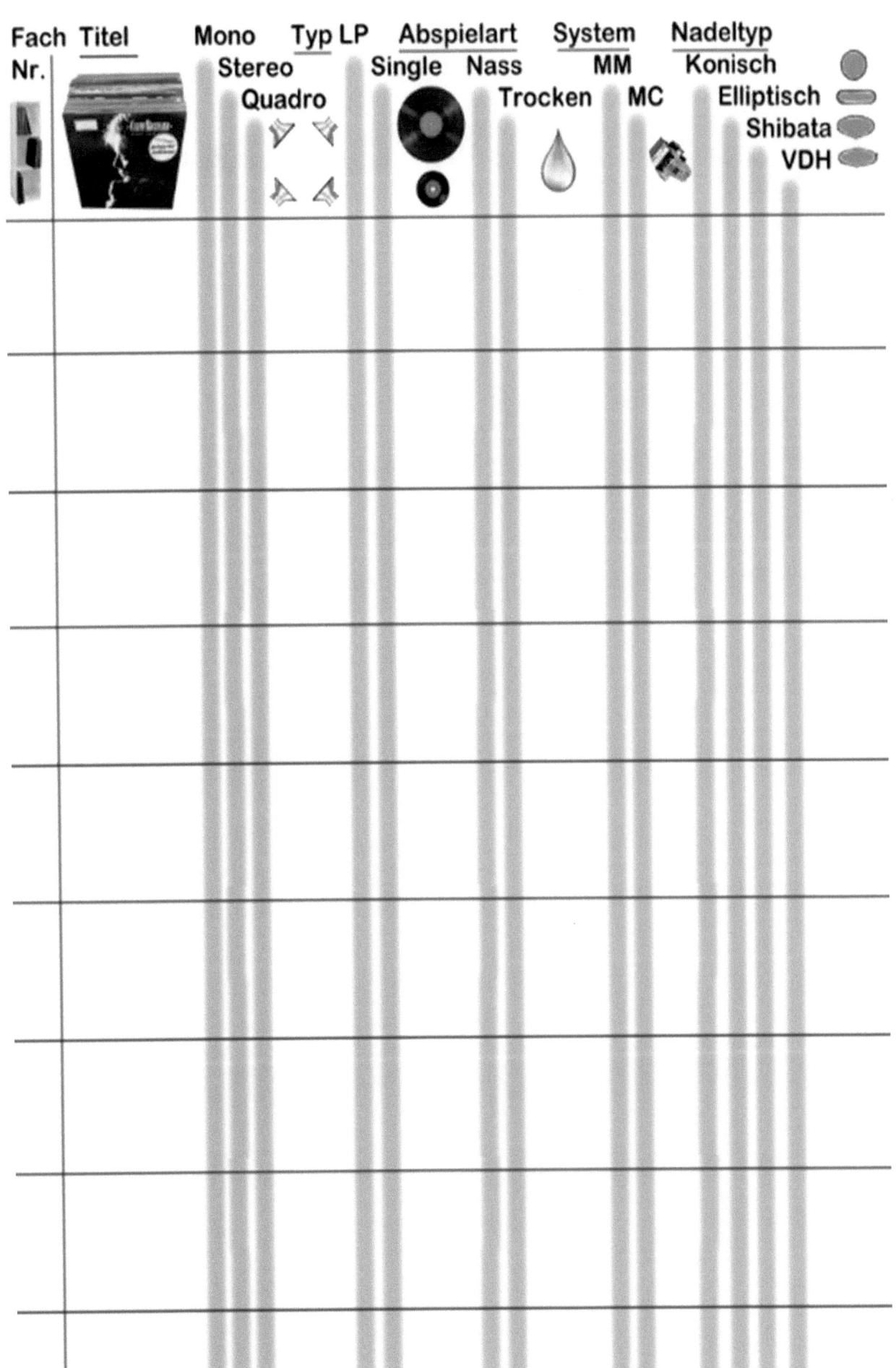							

Fach Nr.	Titel	Mono Stereo Quadro	Typ LP	Abspielart Single	Nass Trocken	System MM MC	Nadeltyp Konisch Elliptisch Shibata VDH

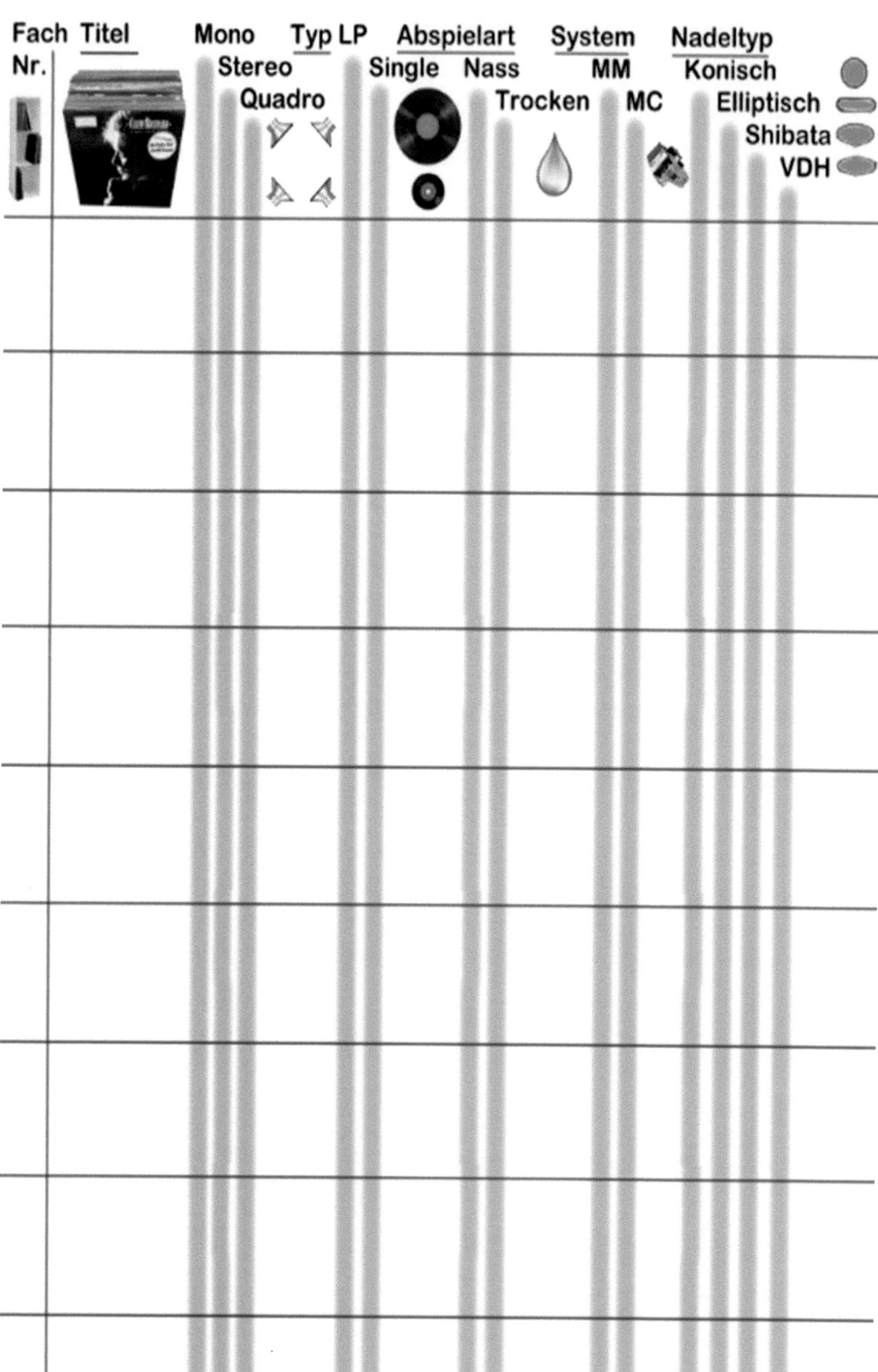

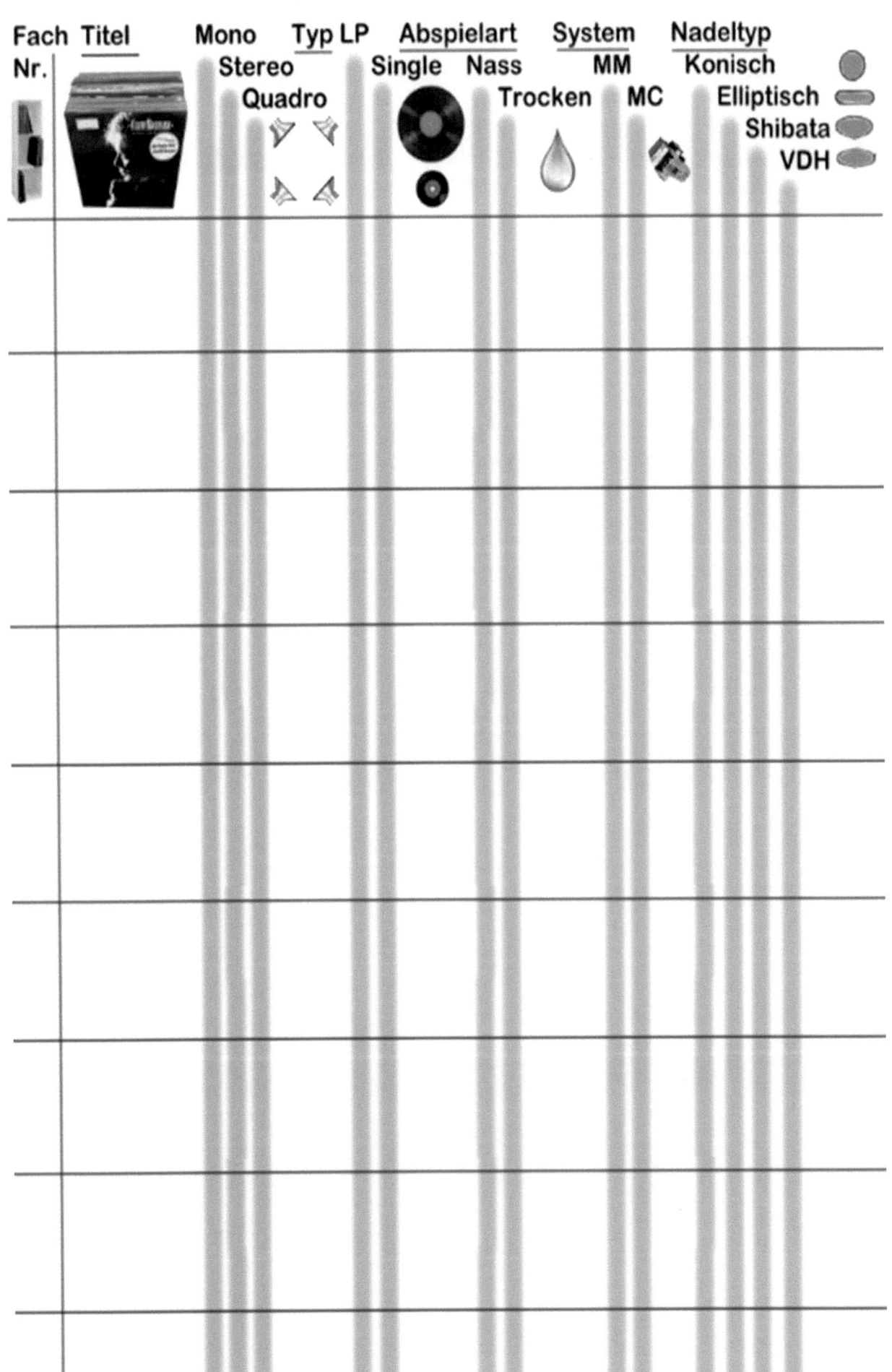

Fach Nr.	Titel	Mono Stereo Quadro	Typ	LP	Abspielart Single Nass Trocken	System MM MC	Nadeltyp Konisch Elliptisch Shibata VDH

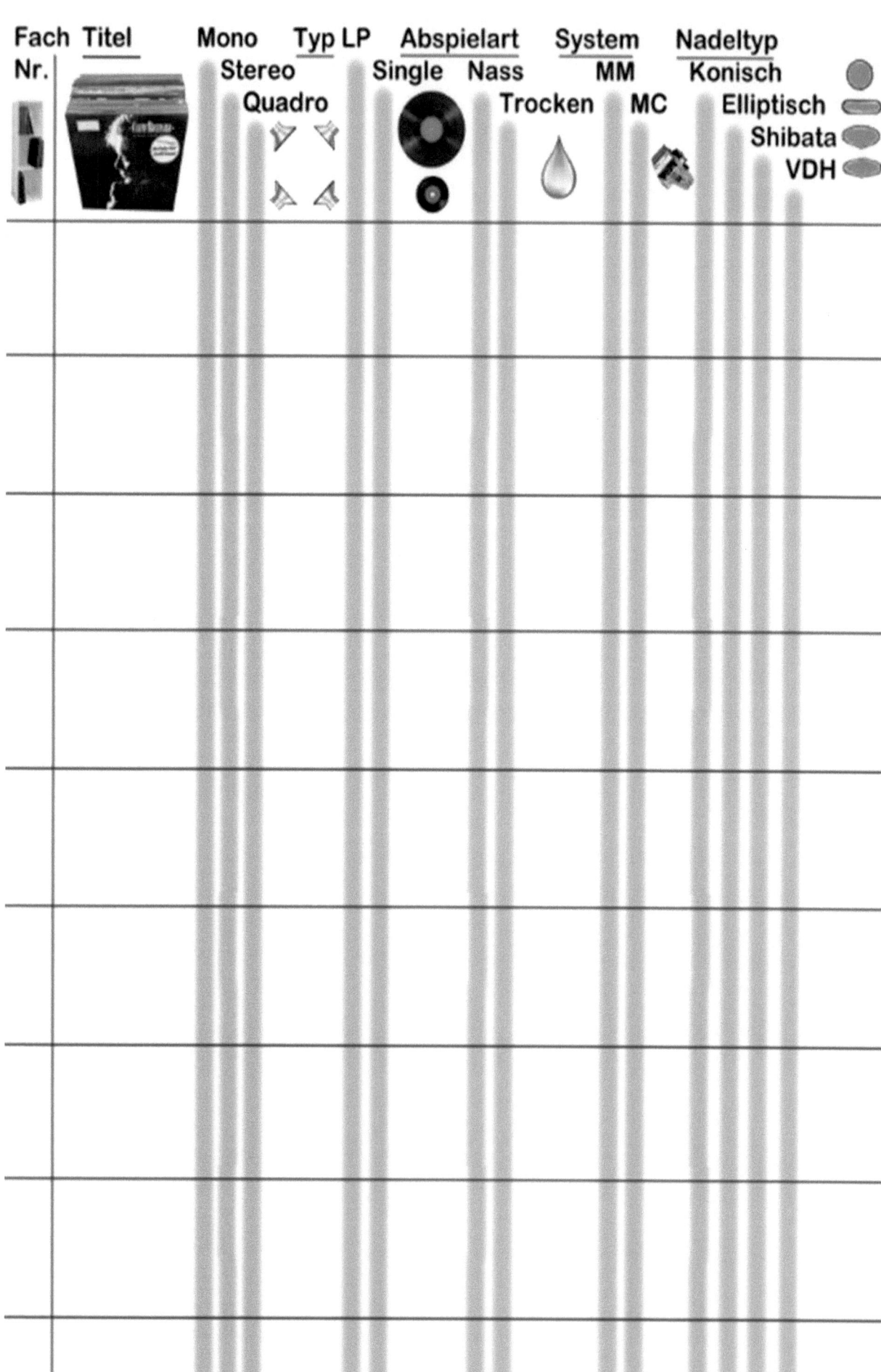

Fach Nr.	Titel	Mono Stereo Quadro	Typ	LP Single	Abspielart Nass Trocken	System MM MC	Nadeltyp Konisch Elliptisch Shibata VDH

Fach Nr.	Titel	Mono Stereo Quadro	Typ LP	Abspielart Single	Nass Trocken	System MM MC	Nadeltyp Konisch Elliptisch Shibata VDH

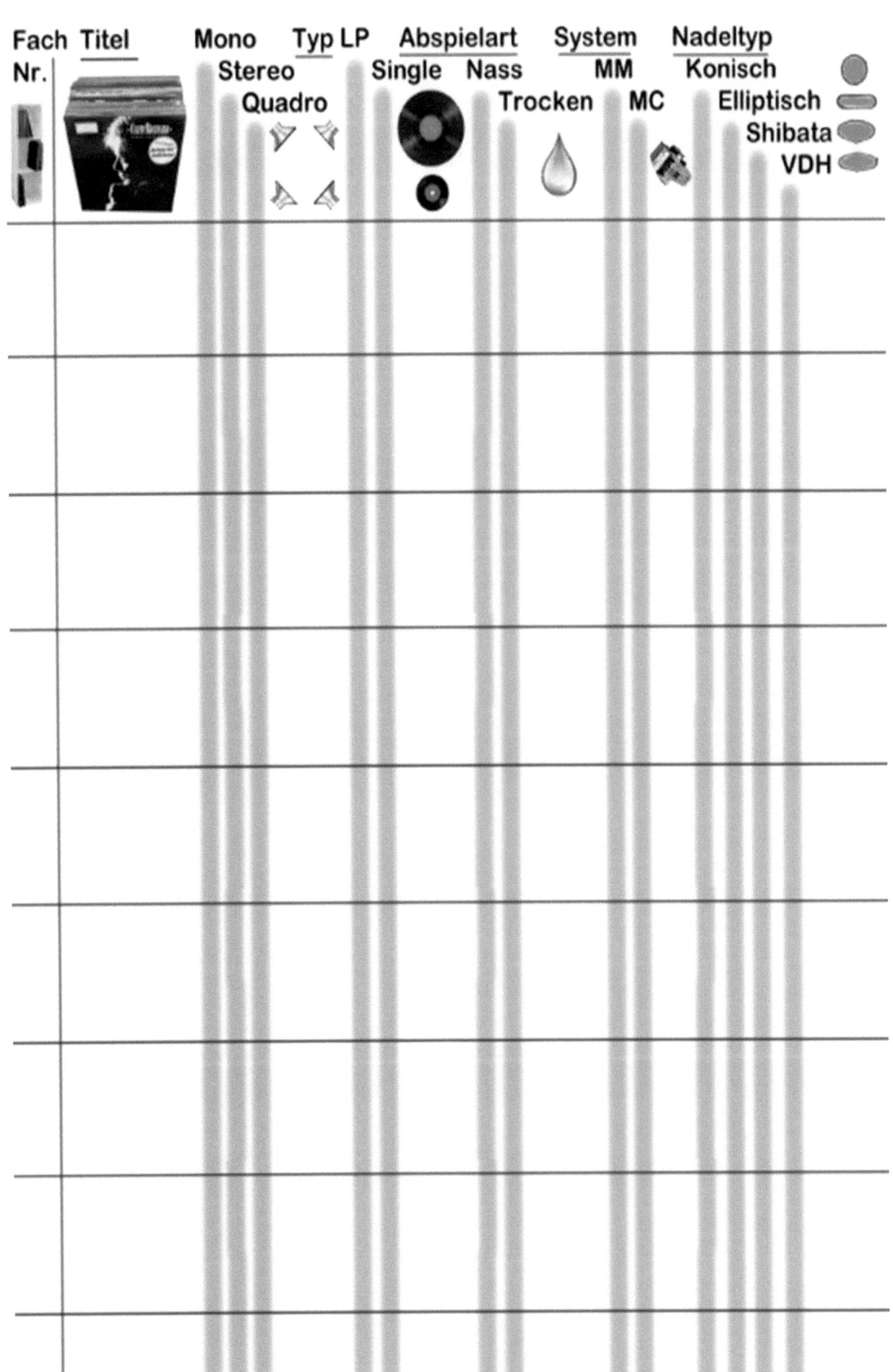

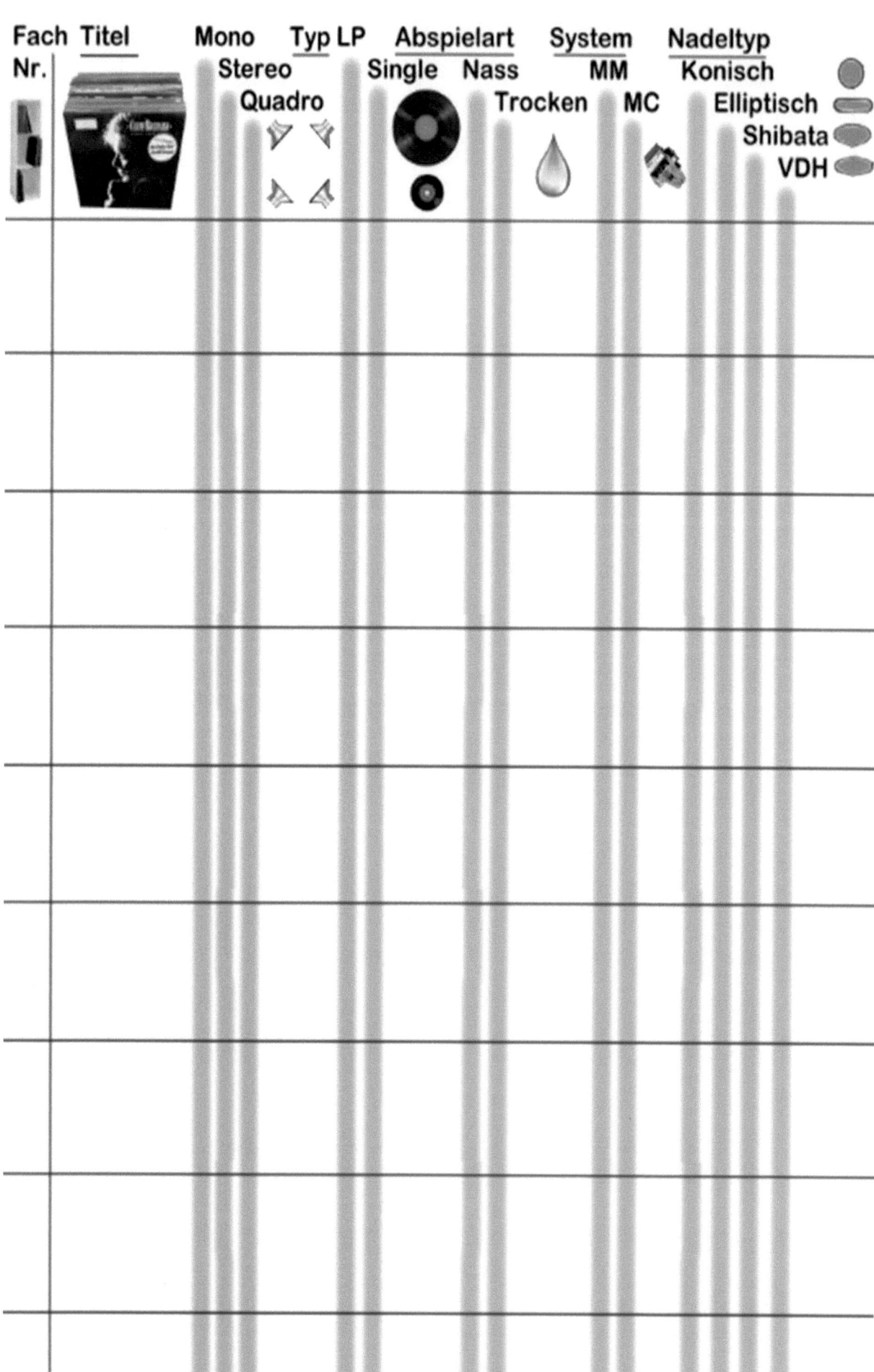

| Fach Nr. | Titel | Mono Stereo Quadro | Typ | LP Single | Abspielart Nass Trocken | System MM MC | Nadeltyp Konisch Elliptisch Shibata VDH |

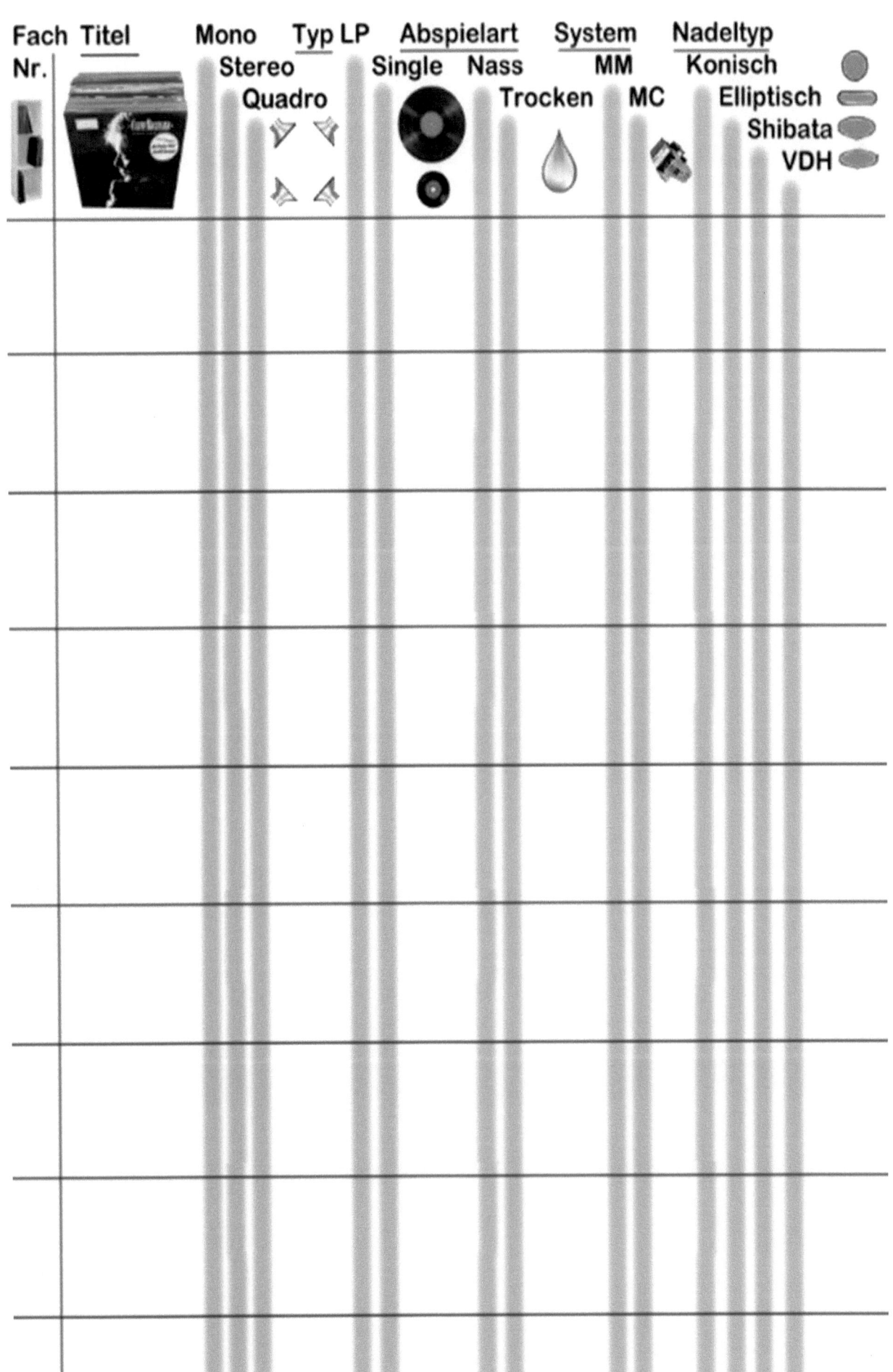

Fach Nr.	Titel	Mono Stereo Quadro	Typ LP Single	Abspielart Nass Trocken	System MM MC	Nadeltyp Konisch Elliptisch Shibata VDH

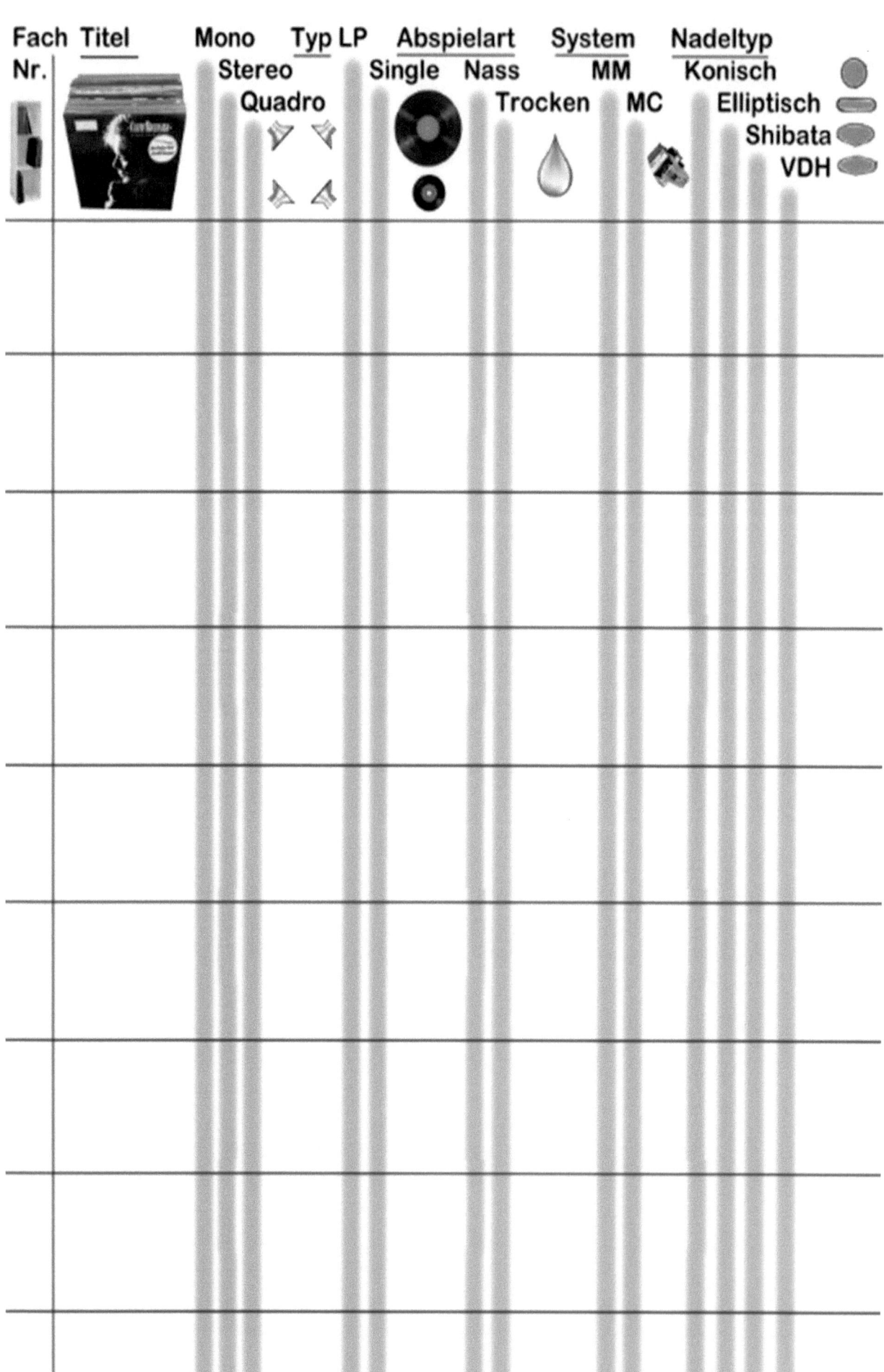

Fach Nr.	Titel	Mono Stereo Quadro	Typ LP Single	Abspielart Nass Trocken	System MM MC	Nadeltyp Konisch Elliptisch Shibata VDH

Fach Nr.	Titel	Mono Stereo Quadro	Typ	LP Single	Abspielart	Nass Trocken	System MM MC	Nadeltyp Konisch Elliptisch Shibata VDH

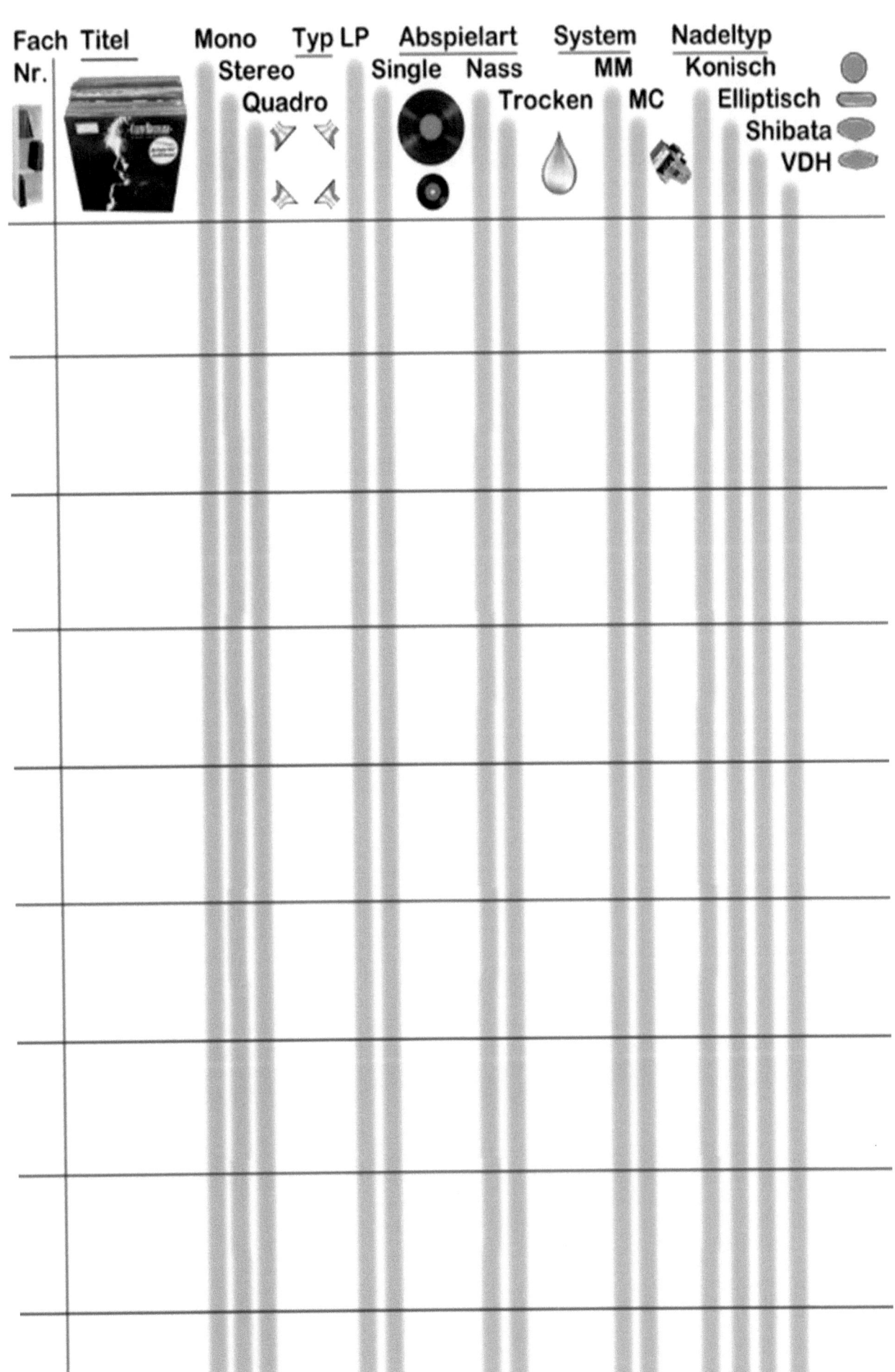

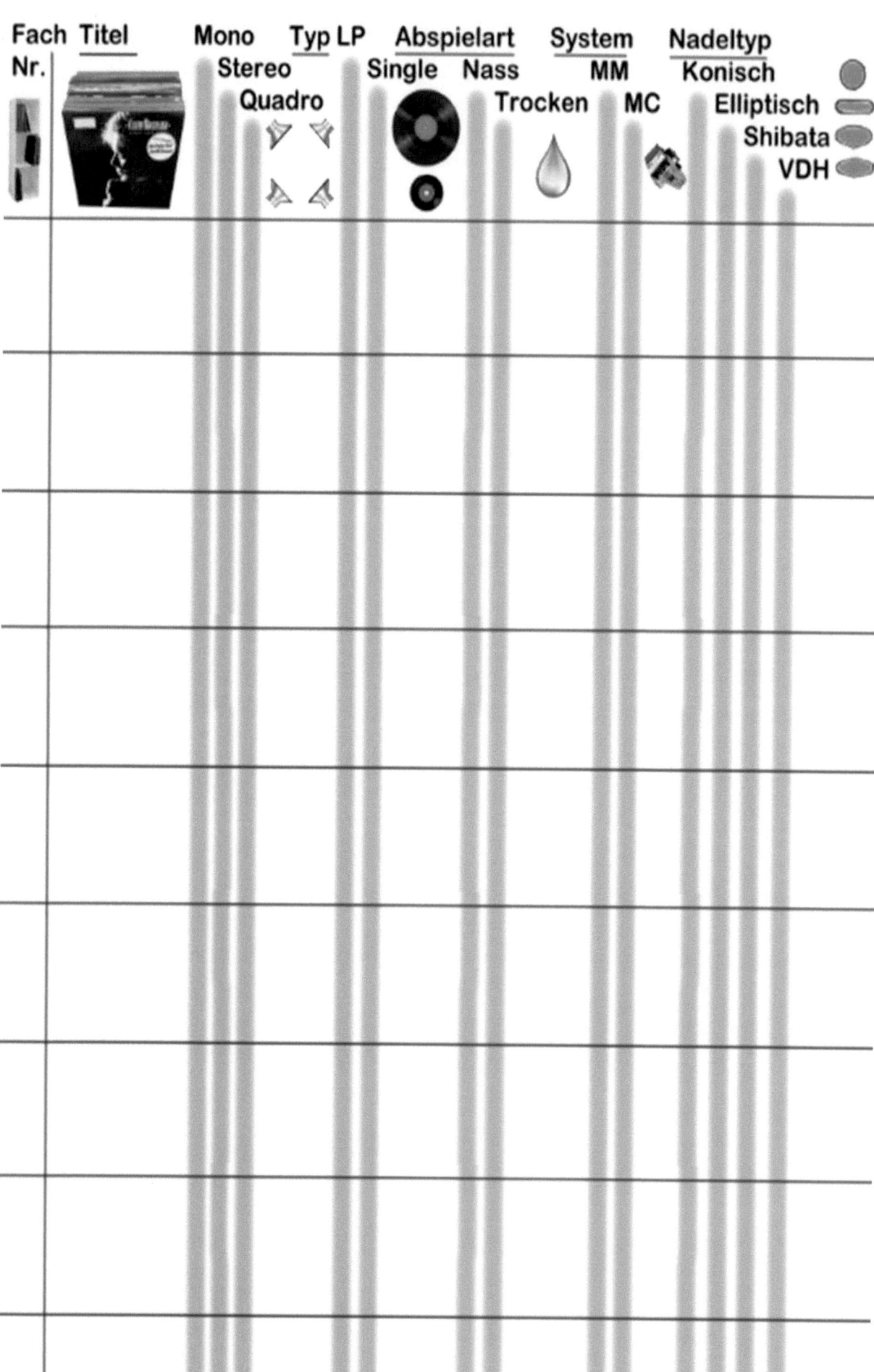

Fach Nr.	Titel	Mono Stereo Quadro	Typ LP Single	Abspielart Nass Trocken	System MM MC	Nadeltyp Konisch Elliptisch Shibata VDH

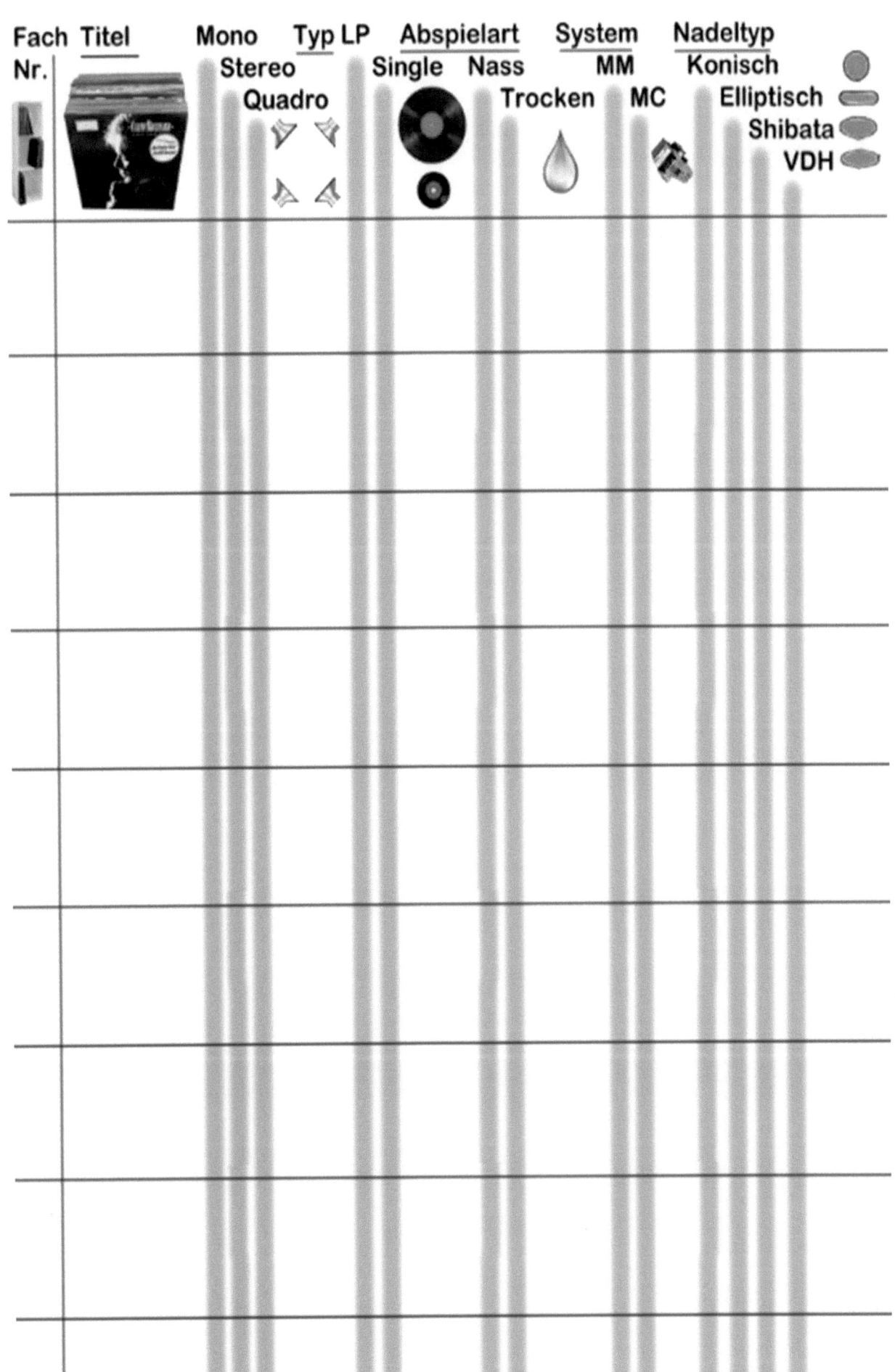

Fach Nr.	Titel	Mono Stereo Quadro	Typ	LP	Abspielart Single	Nass Trocken	System MM MC	Nadeltyp Konisch Elliptisch Shibata VDH

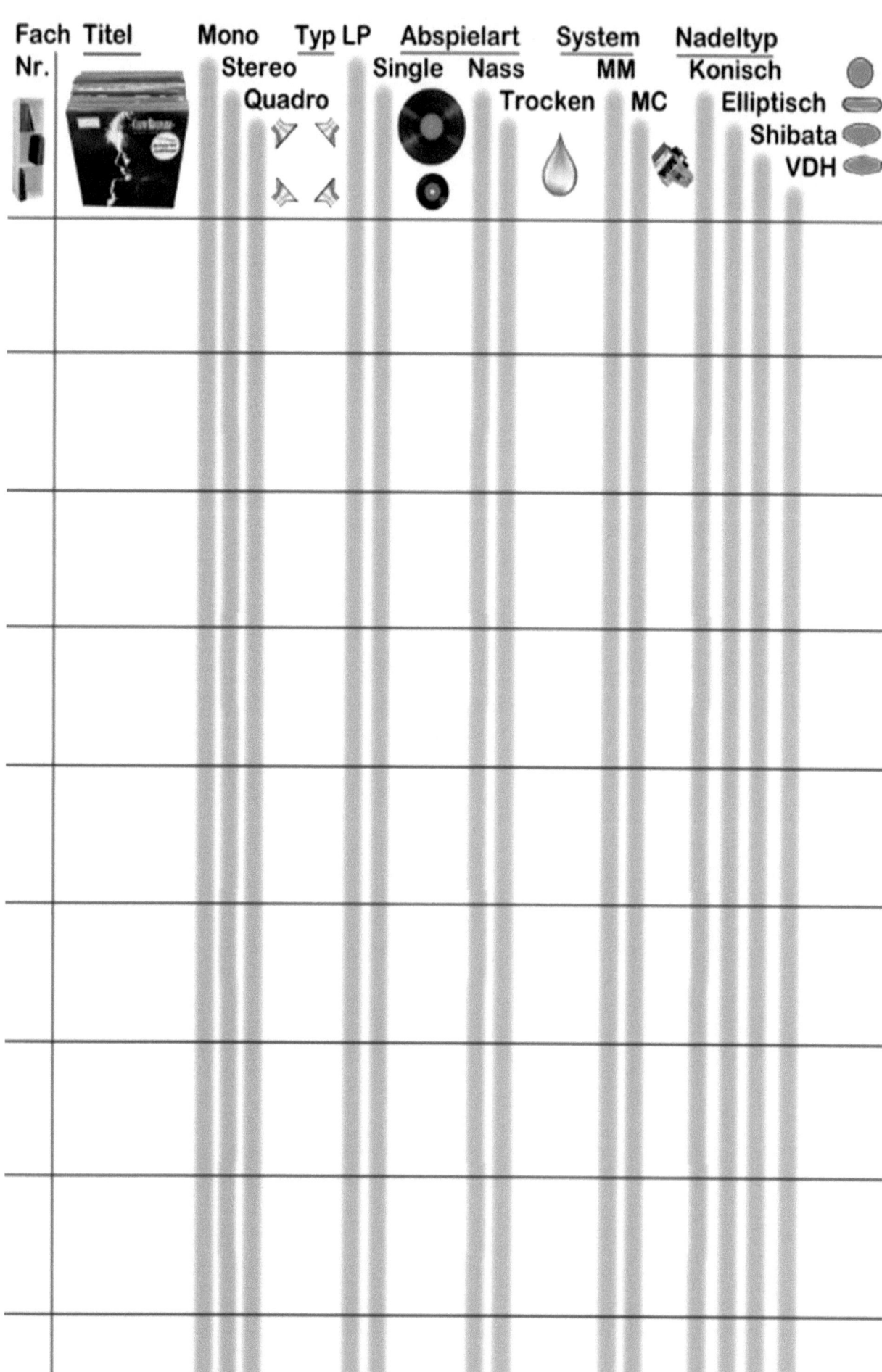

Fach Nr.	Titel	Mono Stereo Quadro	Typ LP Single	Abspielart Nass Trocken	System MM MC	Nadeltyp Konisch Elliptisch Shibata VDH

Fach Nr.	Titel	Mono Stereo Quadro	Typ	LP Single	Abspielart Nass Trocken	System MM MC	Nadeltyp Konisch Elliptisch Shibata VDH

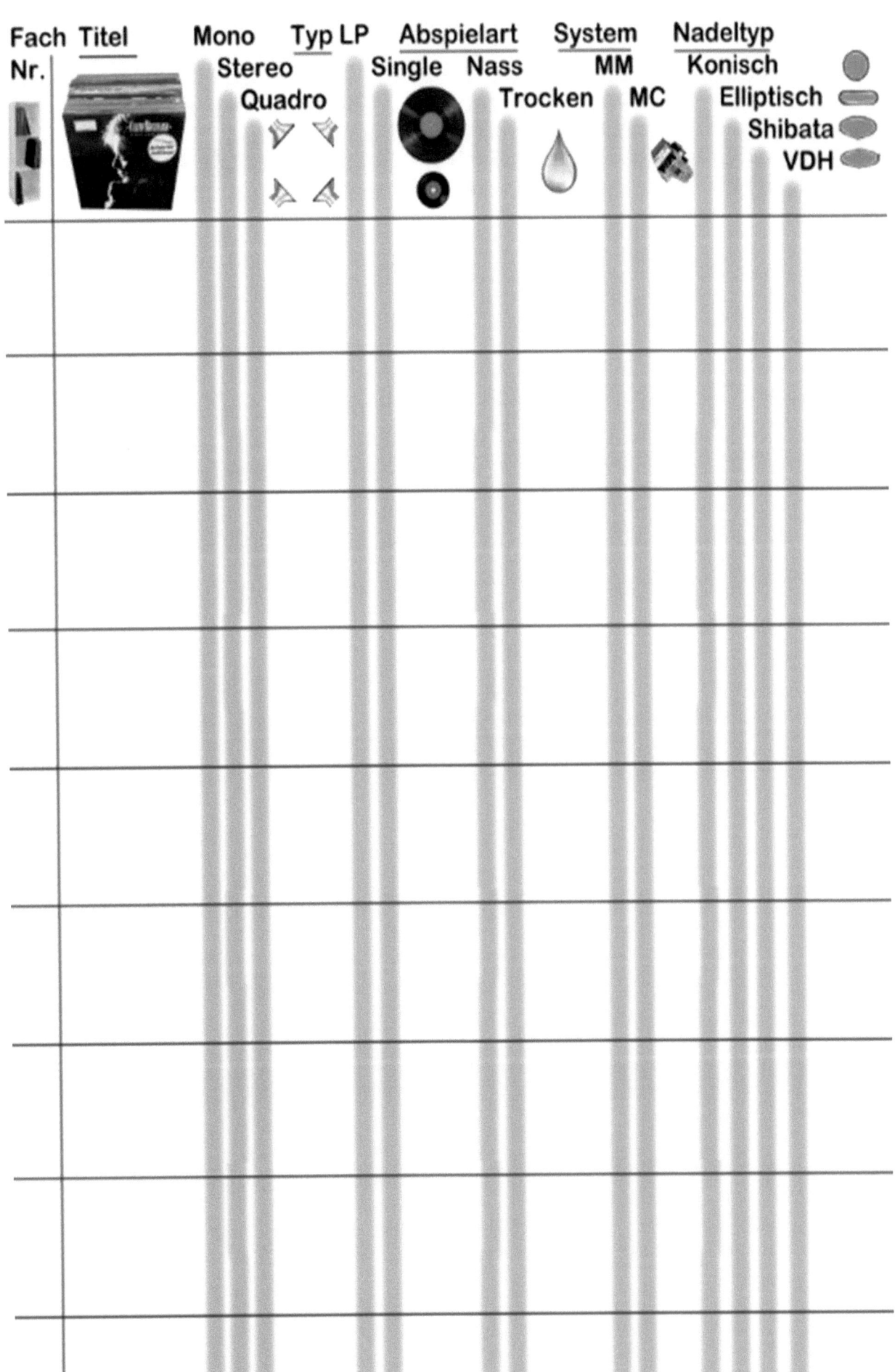

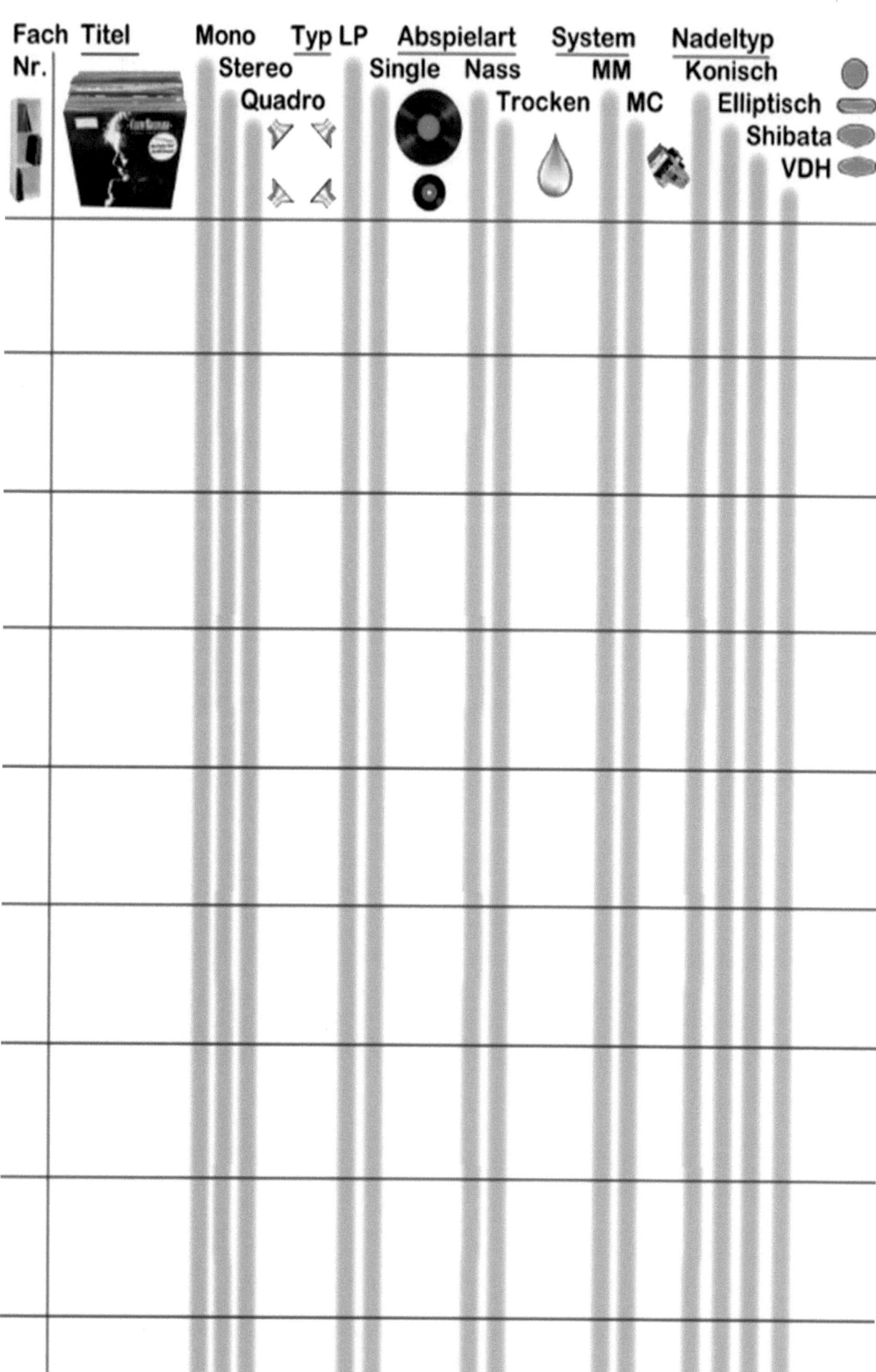

Fach Nr.	Titel	Mono Stereo Quadro	Typ LP Single	Abspielart Nass Trocken	System MM MC	Nadeltyp Konisch Elliptisch Shibata VDH

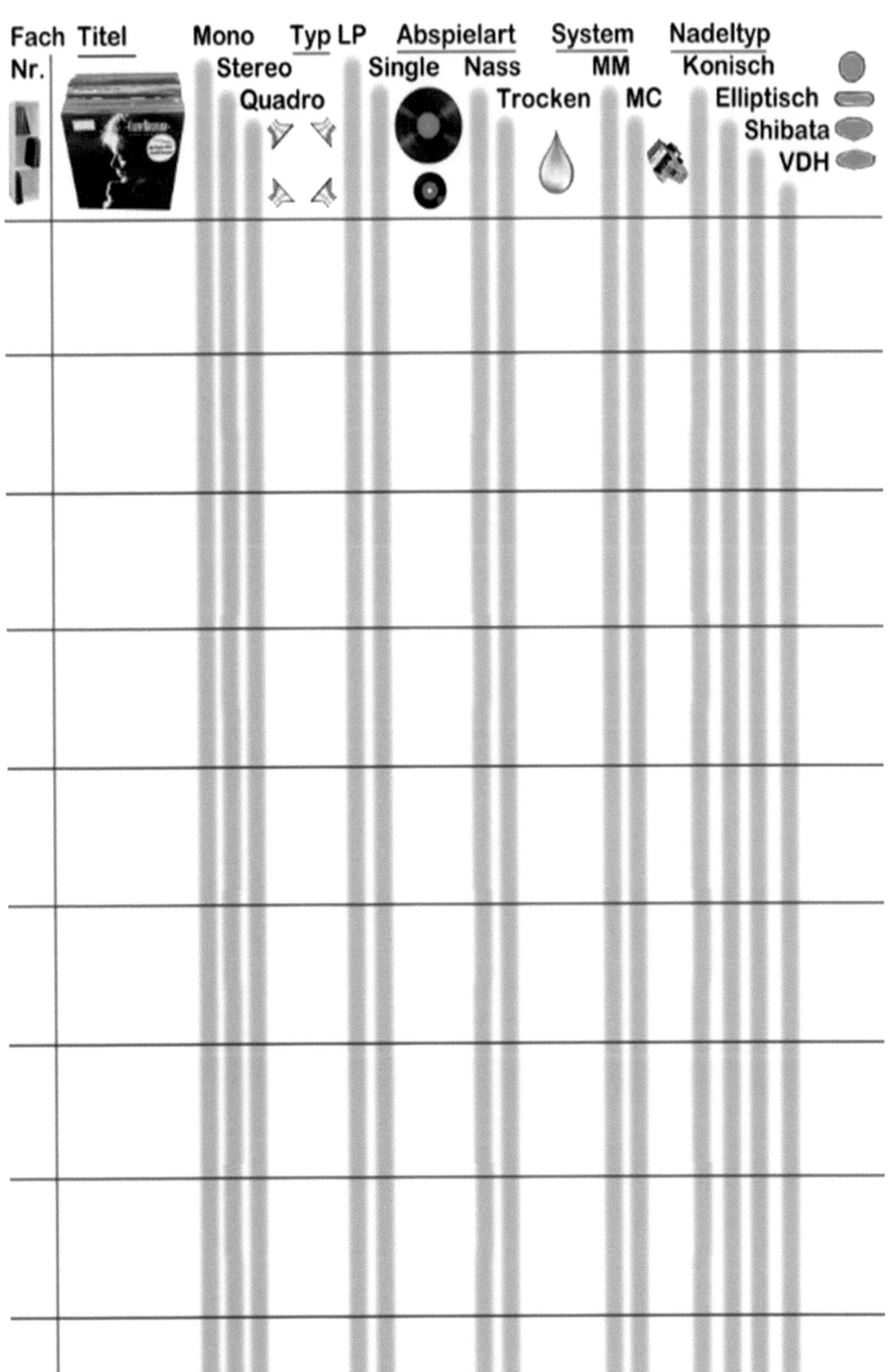

Fach Nr.	Titel	Mono Stereo	Quadro Typ	LP	Abspielart Single	Nass	Trocken	System MM	MC	Nadeltyp Konisch	Elliptisch Shibata VDH

Fach Nr.	Titel	Mono Stereo Quadro	Typ	LP Single	Abspielart Nass Trocken	System MM MC	Nadeltyp Konisch Elliptisch Shibata VDH

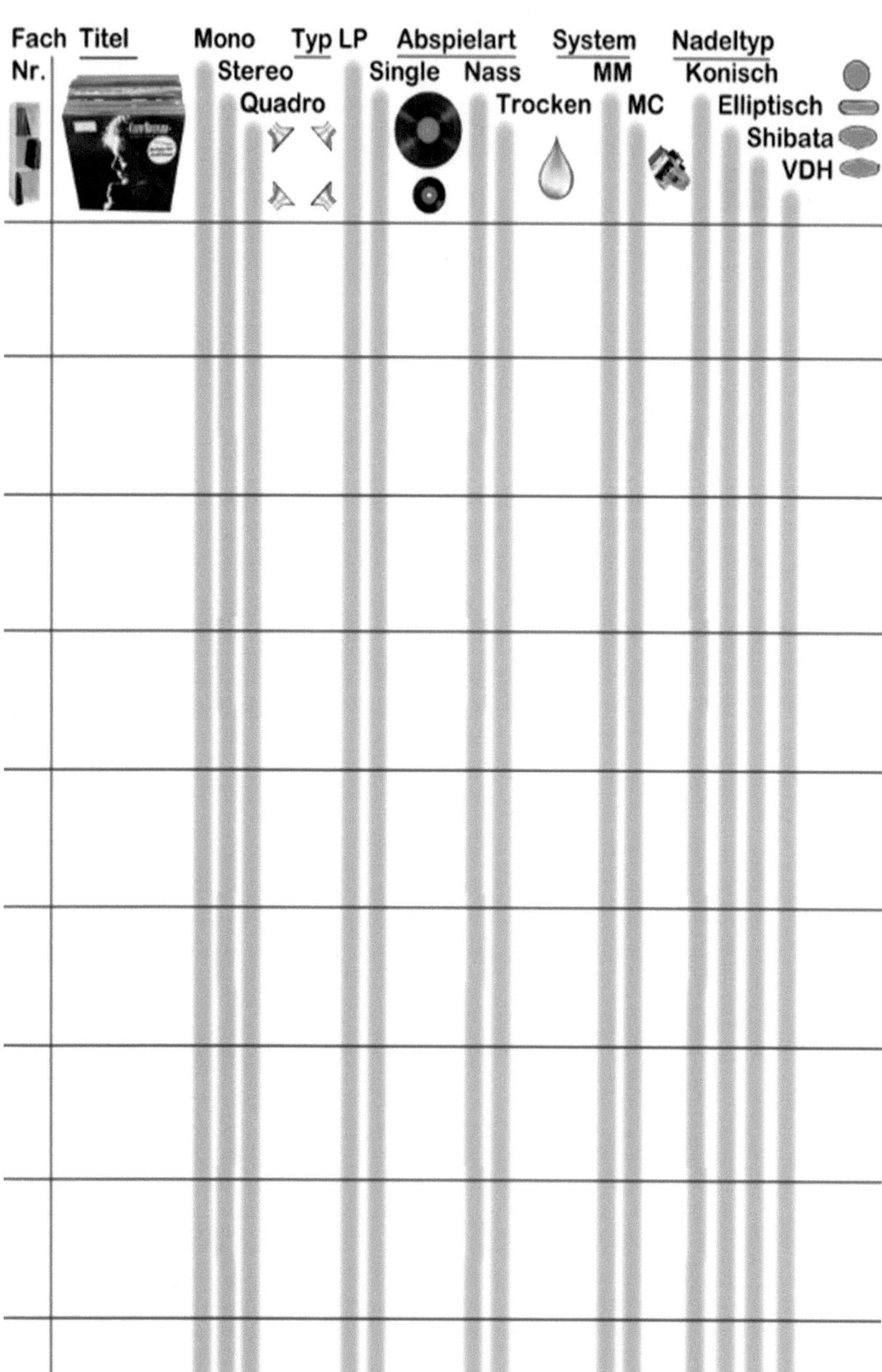

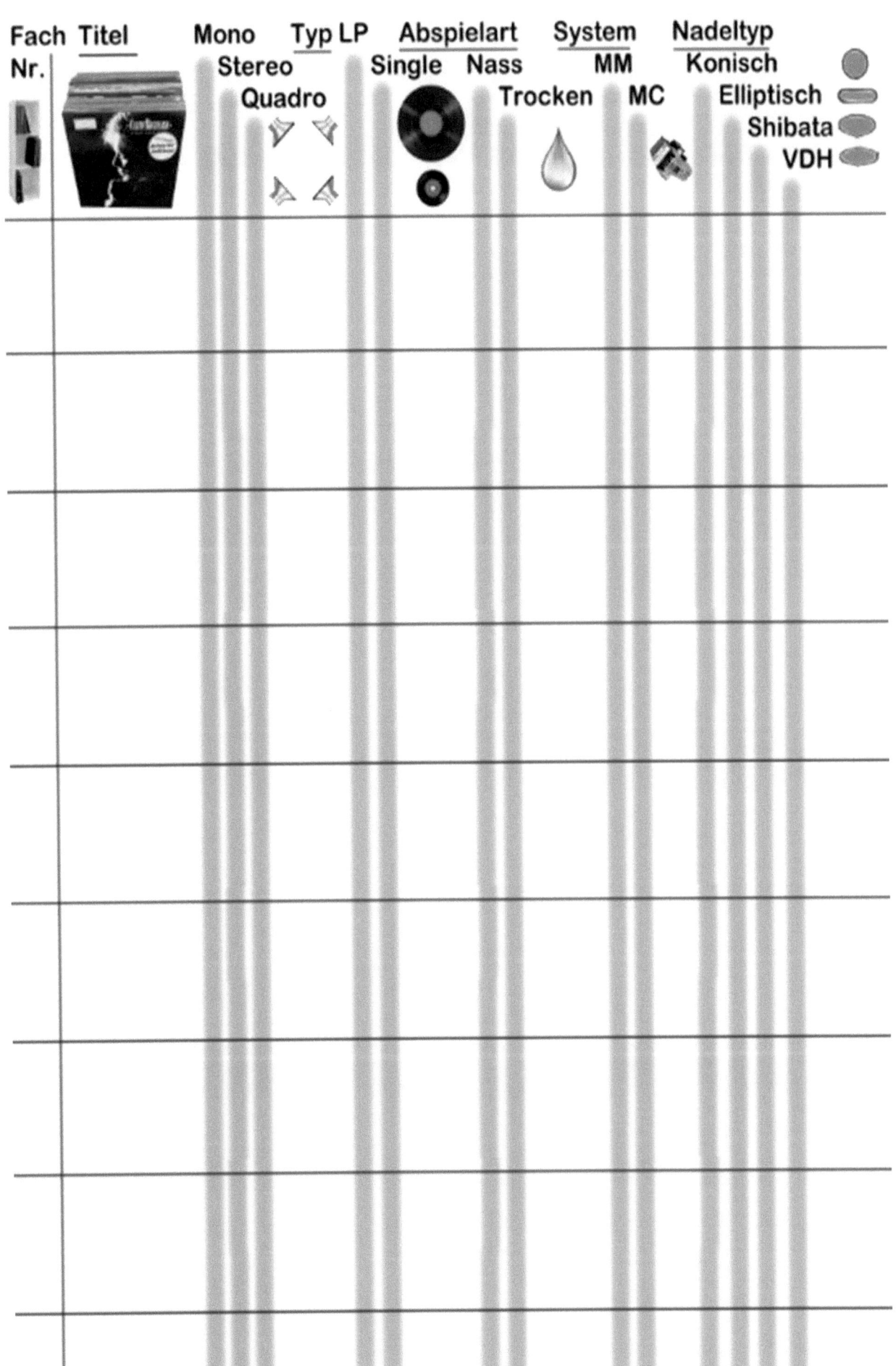

Fach Nr.	Titel	Mono Stereo Quadro	Typ LP Single	Abspielart Nass Trocken	System MM MC	Nadeltyp Konisch Elliptisch Shibata VDH

Fach Nr.	Titel	Mono Stereo Quadro	Typ LP Single	Abspielart Nass Trocken	System MM MC	Nadeltyp Konisch Elliptisch Shibata VDH

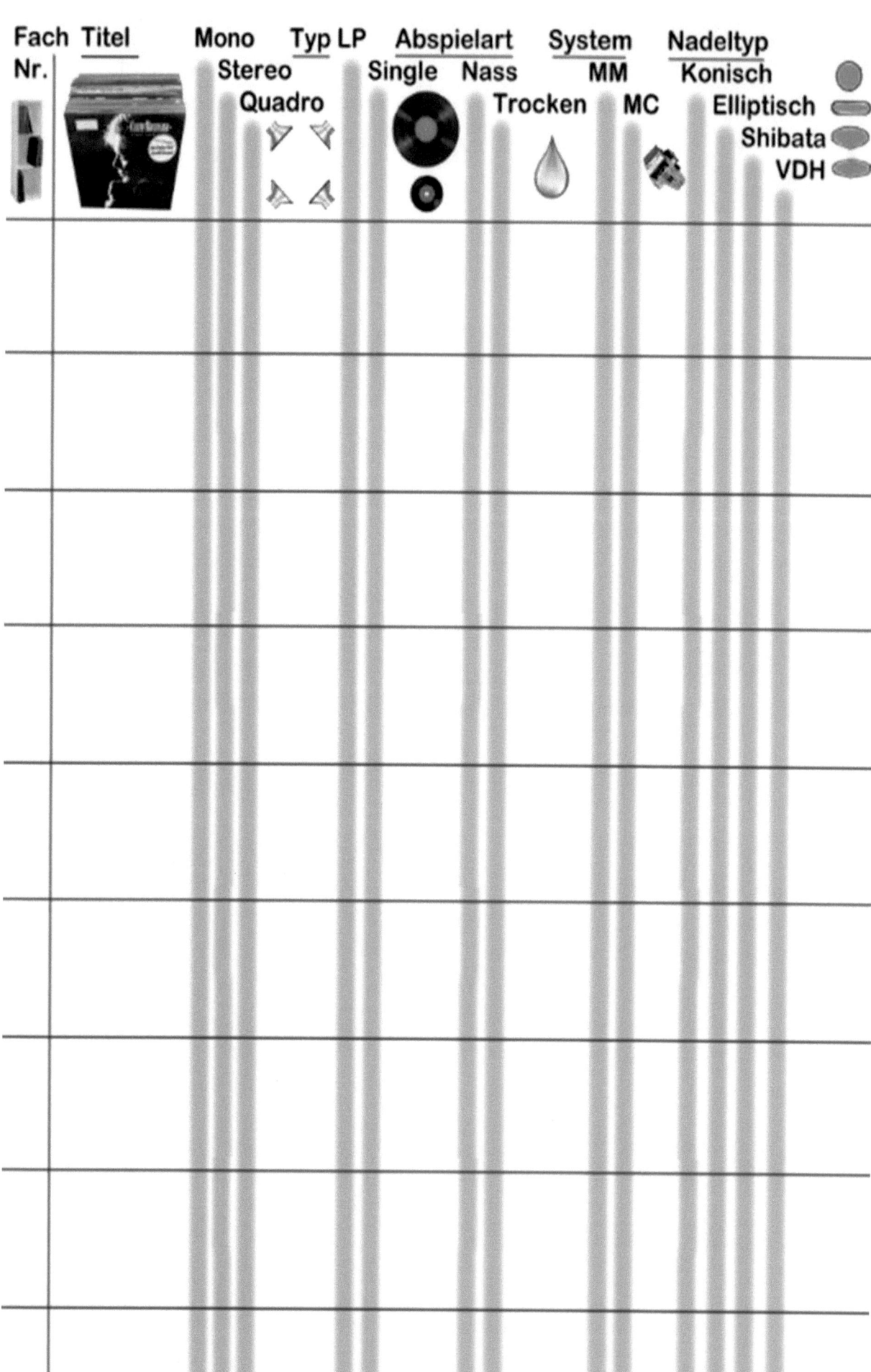

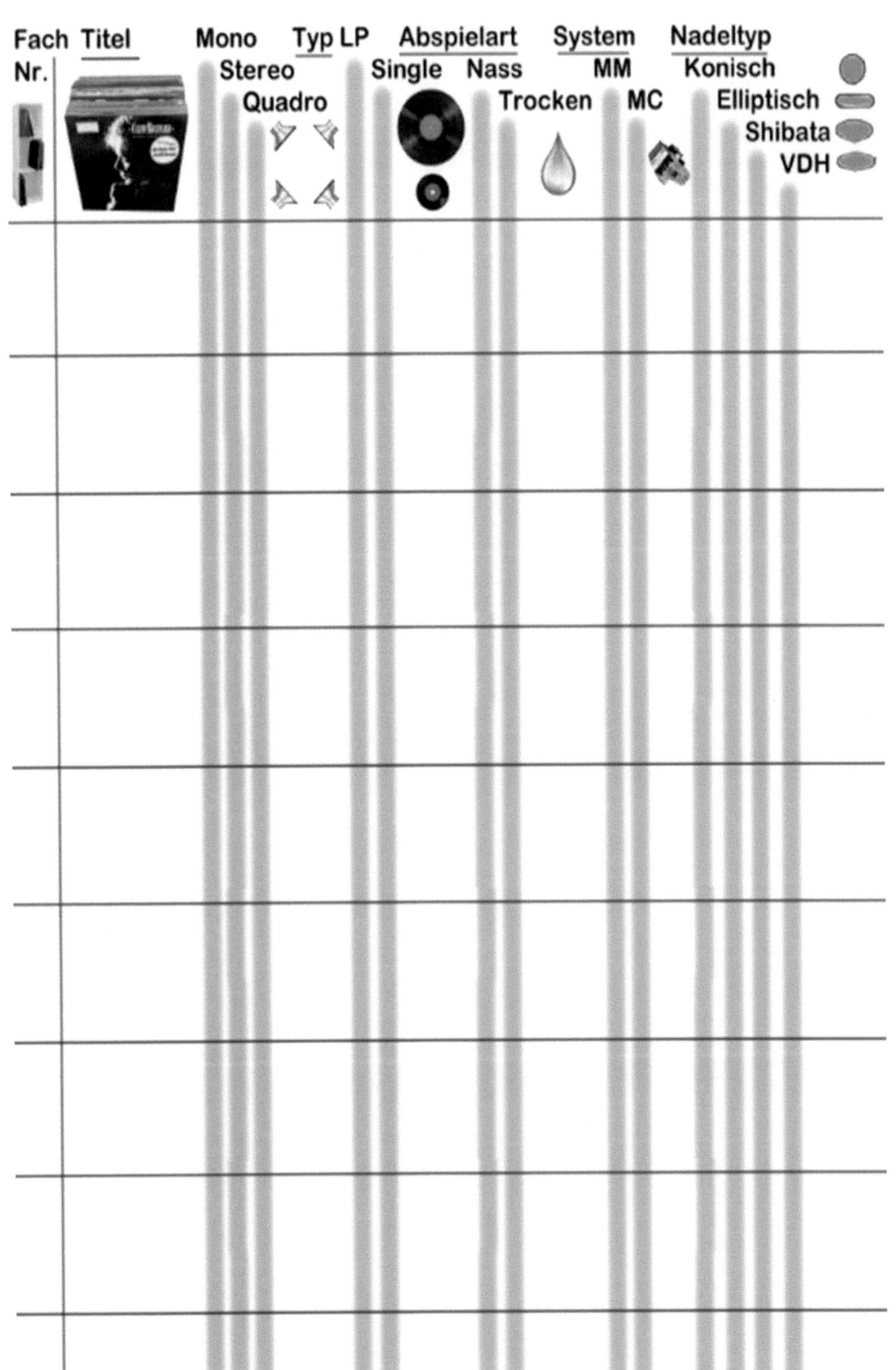

Fach Nr.	Titel	Mono Stereo Quadro	Typ LP	Abspielart Single Nass Trocken	System MM MC	Nadeltyp Konisch Elliptisch Shibata VDH

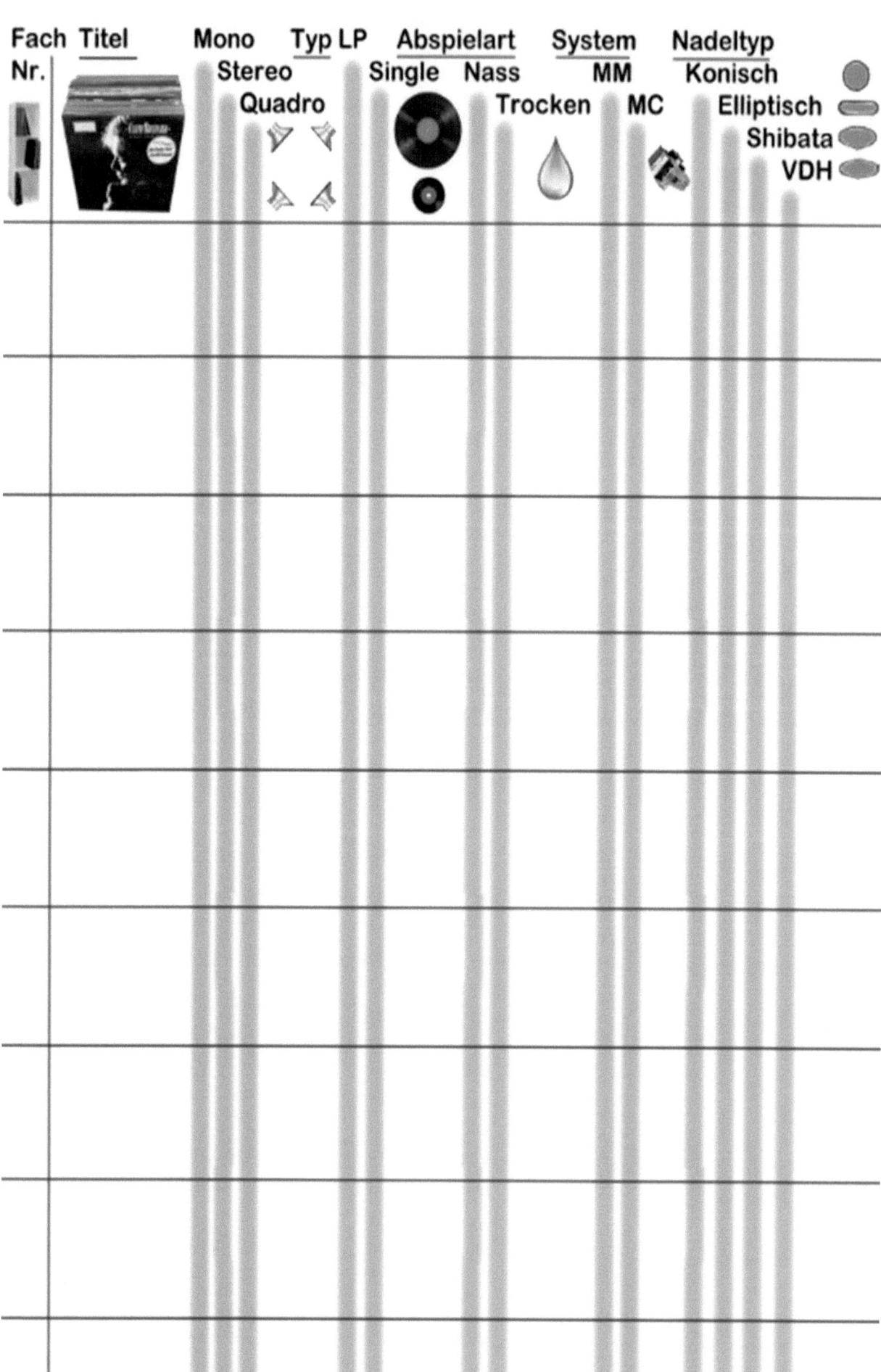

Fach Nr.	Titel	Mono	Stereo	Quadro	Typ LP	Single	Abspielart	Nass	Trocken	System MM	MC	Nadeltyp Konisch	Elliptisch	Shibata	VDH

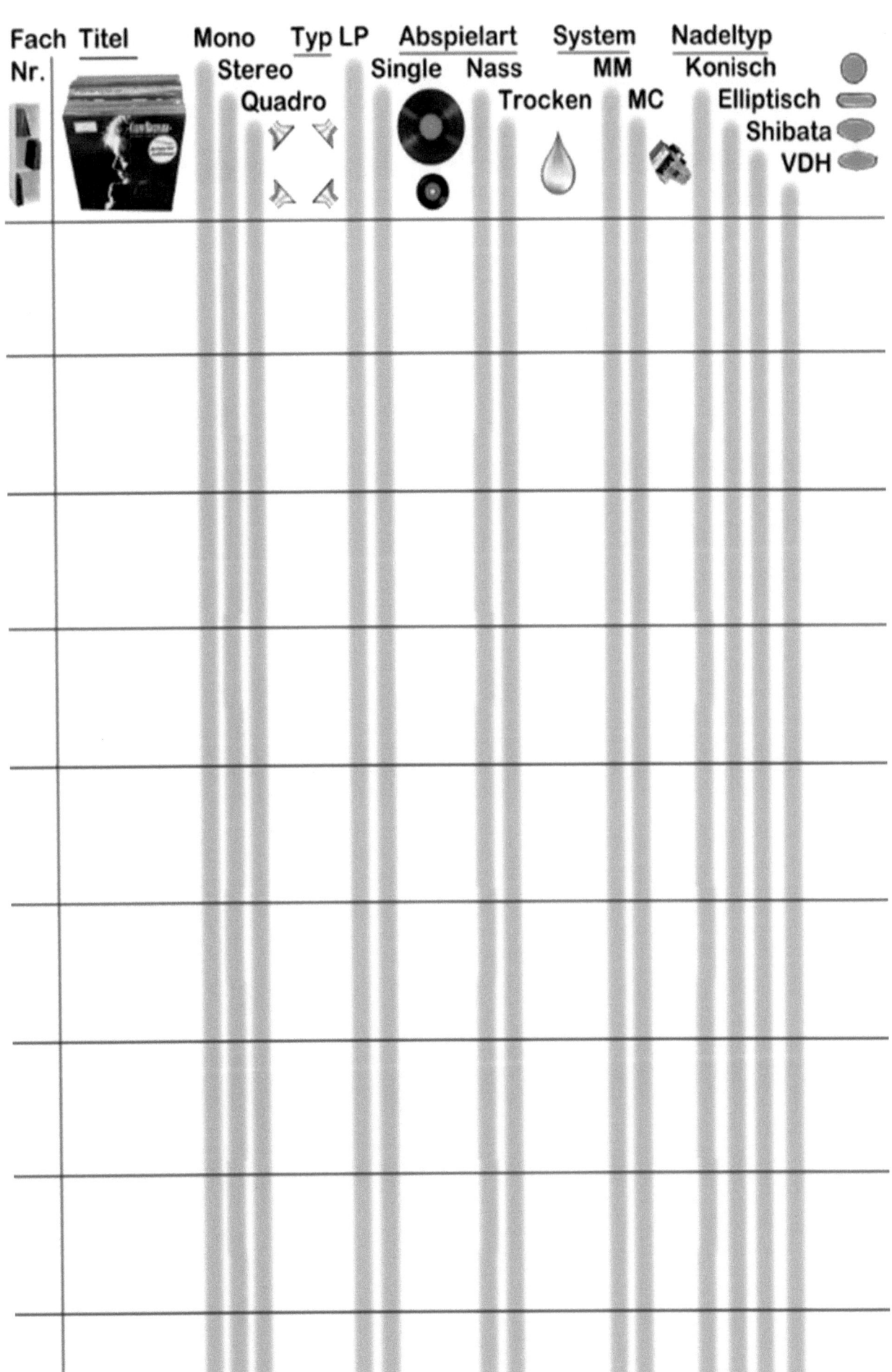

Fach Nr.	Titel	Mono Stereo Quadro	Typ	LP Single	Abspielart	Nass Trocken	System MM MC	Nadeltyp Konisch Elliptisch Shibata VDH

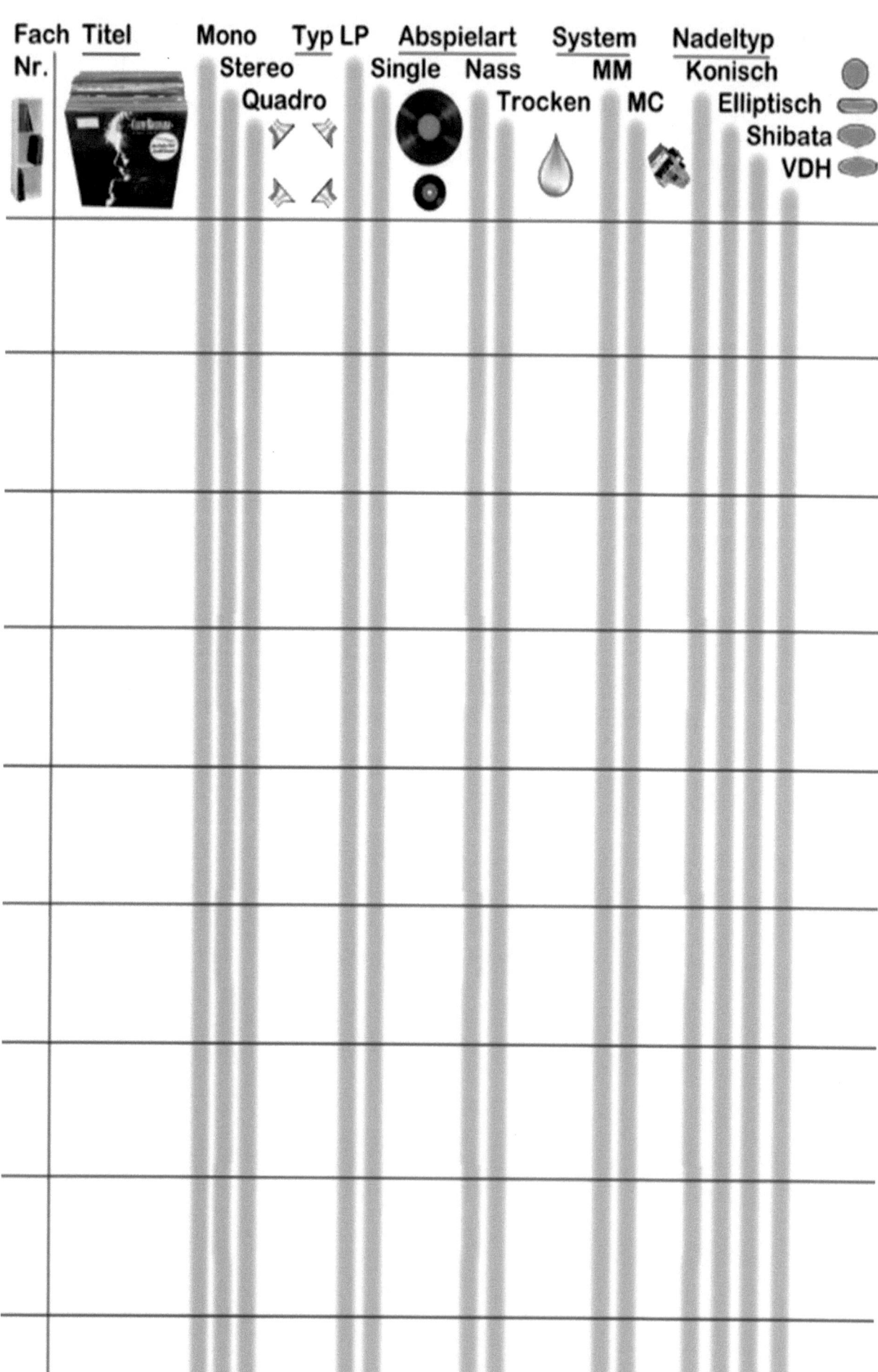

Fach Nr.	Titel	Mono Stereo Quadro	Typ LP Single	Abspielart Nass Trocken	System MM MC	Nadeltyp Konisch Elliptisch Shibata VDH

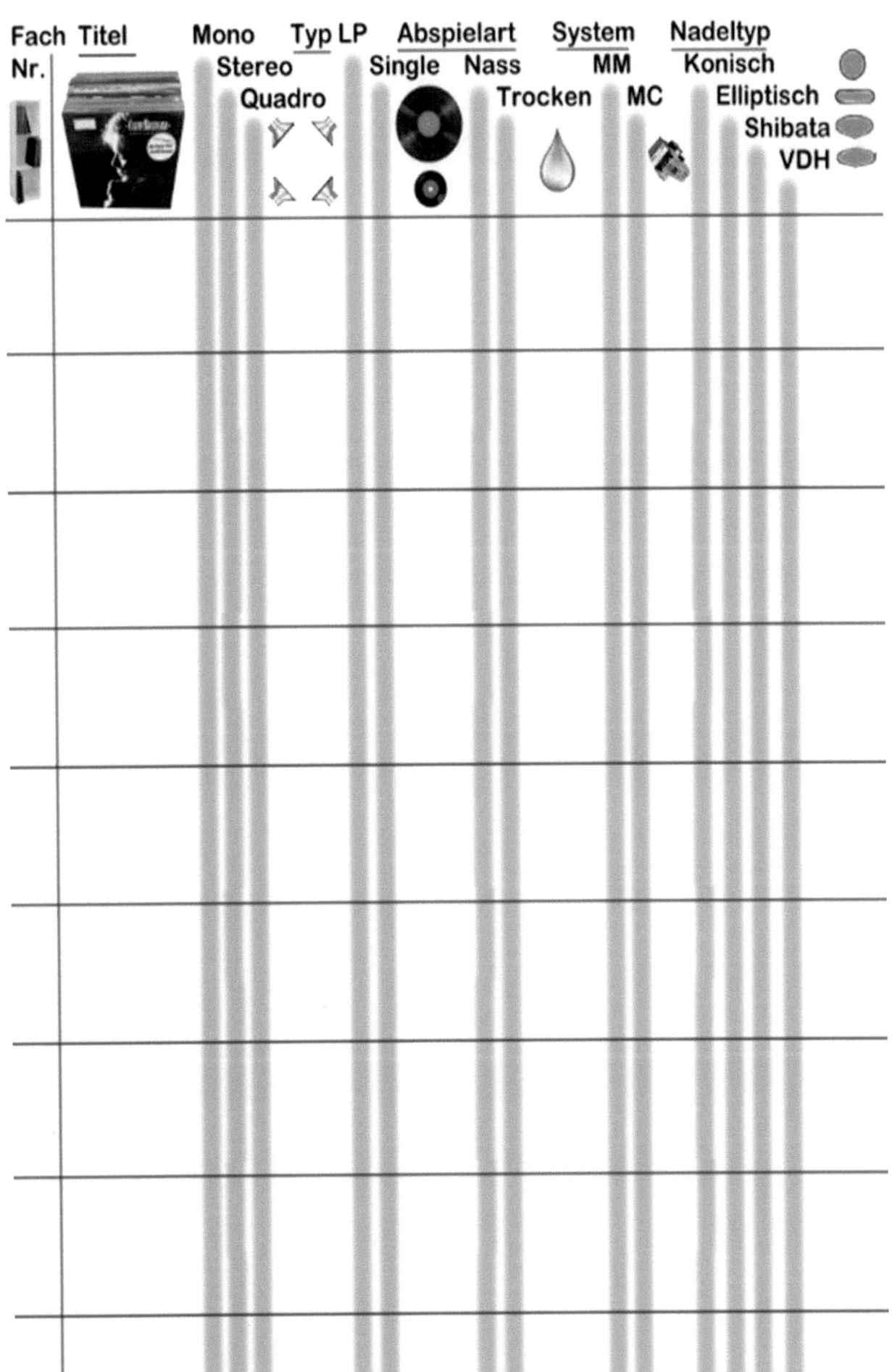

Fach Nr.	Titel	Mono	Stereo	Quadro	Typ	LP	Single	Abspielart	Nass	Trocken	System	MM	MC	Nadeltyp	Konisch	Elliptisch	Shibata	VDH

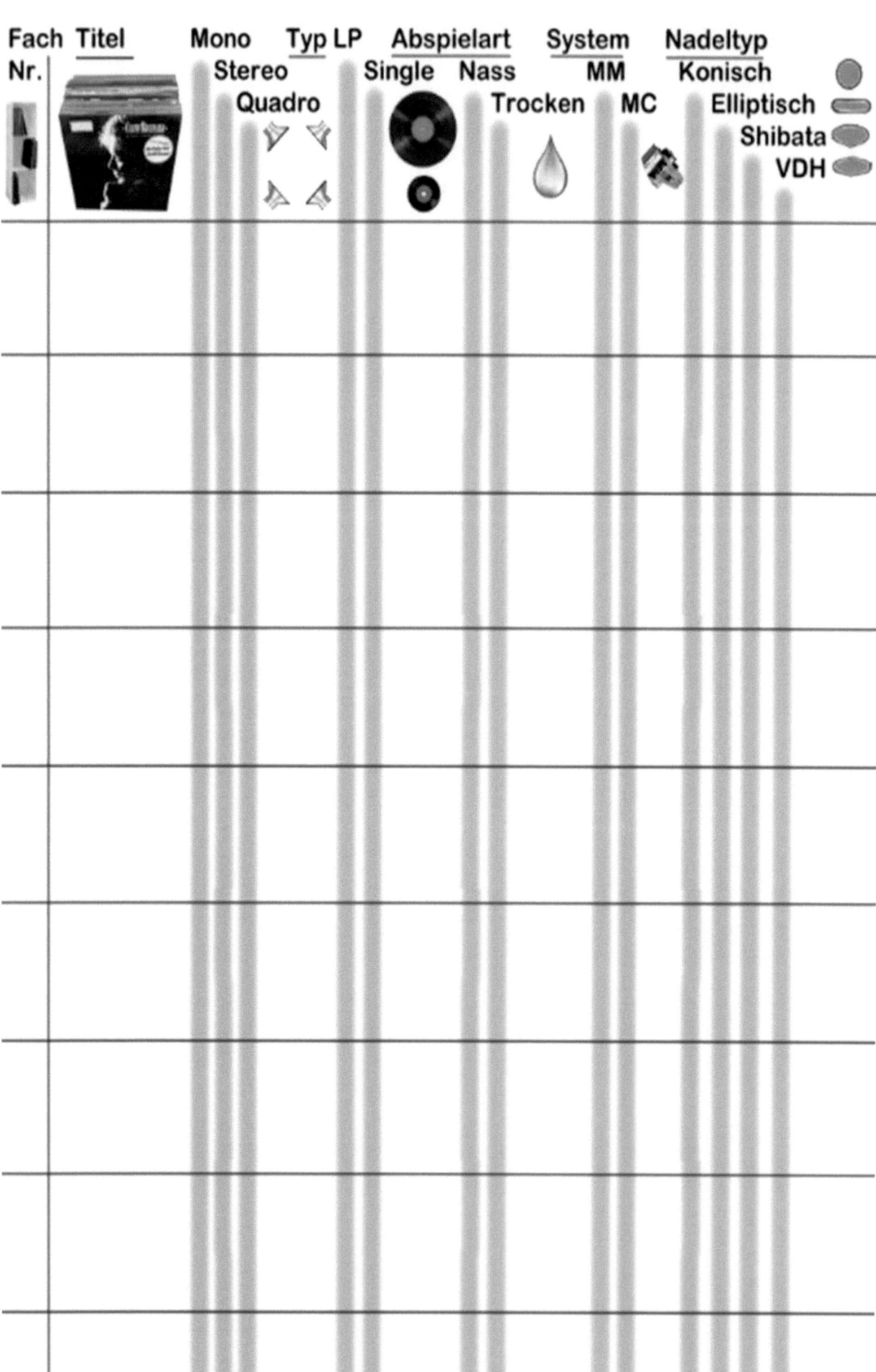

Fach Nr.	Titel	Mono Stereo Quadro	Typ LP Single	Abspielart	Nass Trocken	System MM MC	Nadeltyp Konisch Elliptisch Shibata VDH

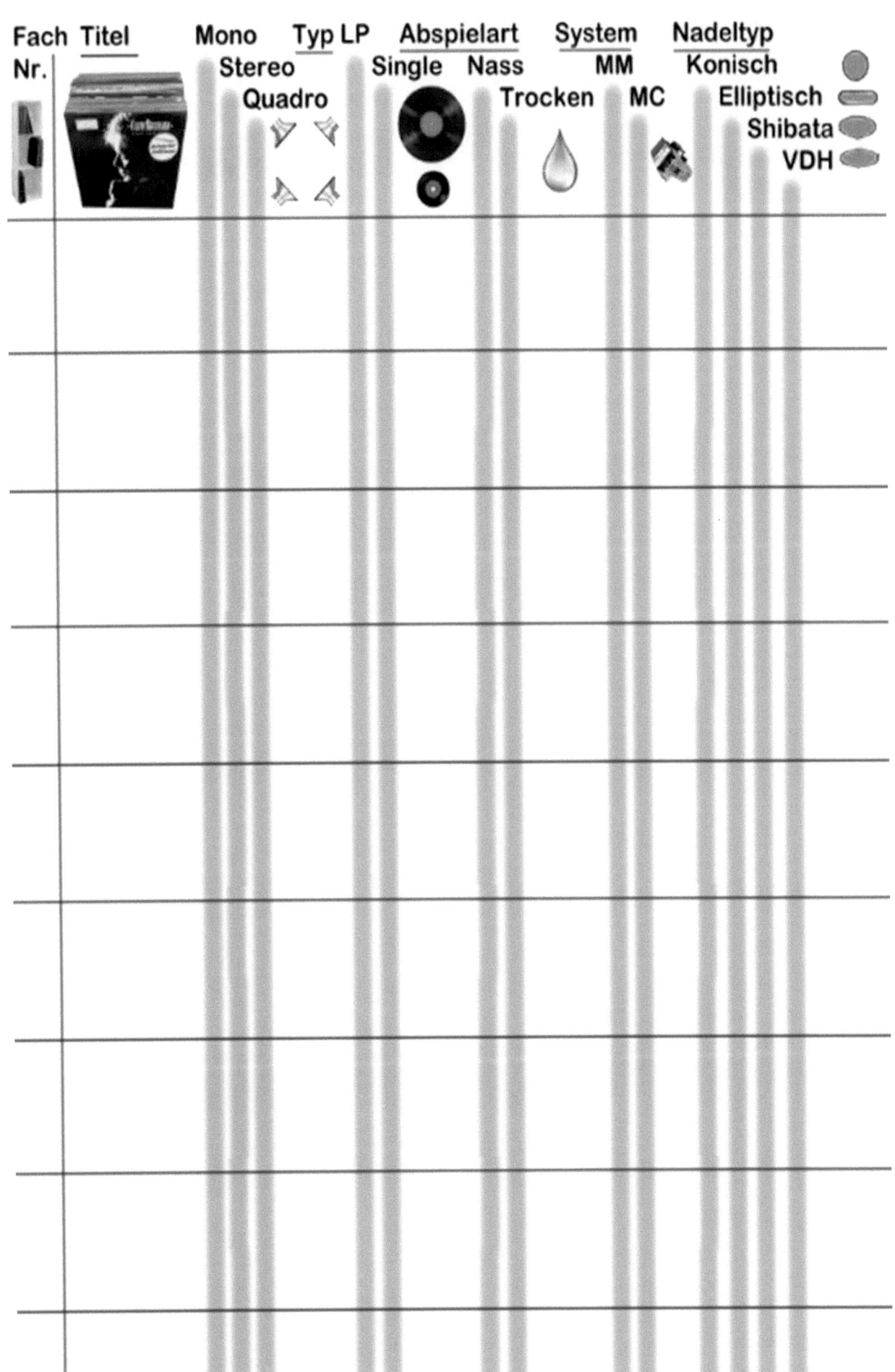

Fach Nr.	Titel	Mono Stereo Quadro	Typ	LP Single	Abspielart Nass Trocken	System MM MC	Nadeltyp Konisch Elliptisch Shibata VDH

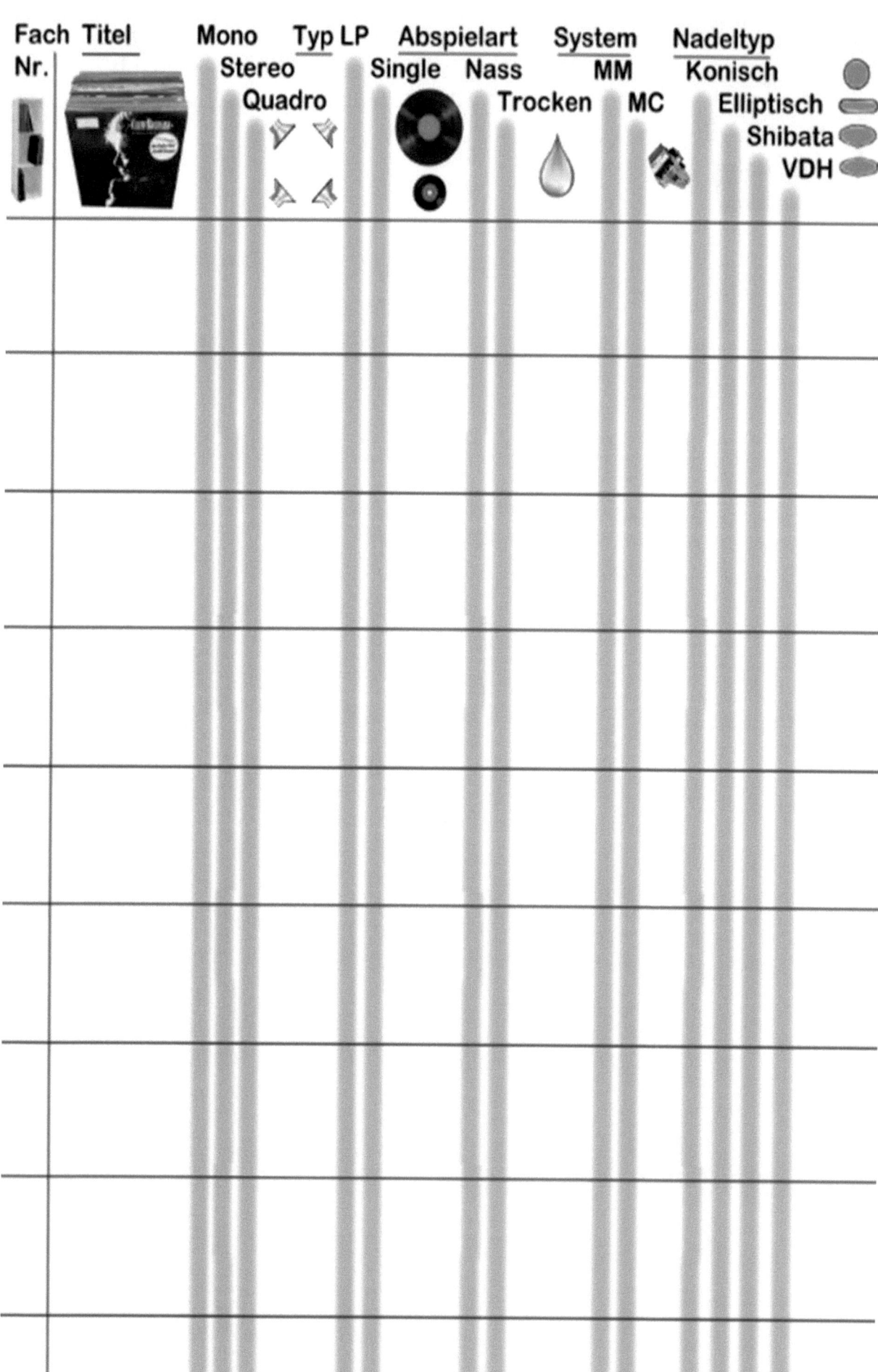

Fach Nr.	Titel	Mono Stereo Quadro	Typ LP Single	Abspielart	System MM MC	Nadeltyp Konisch Elliptisch Shibata VDH

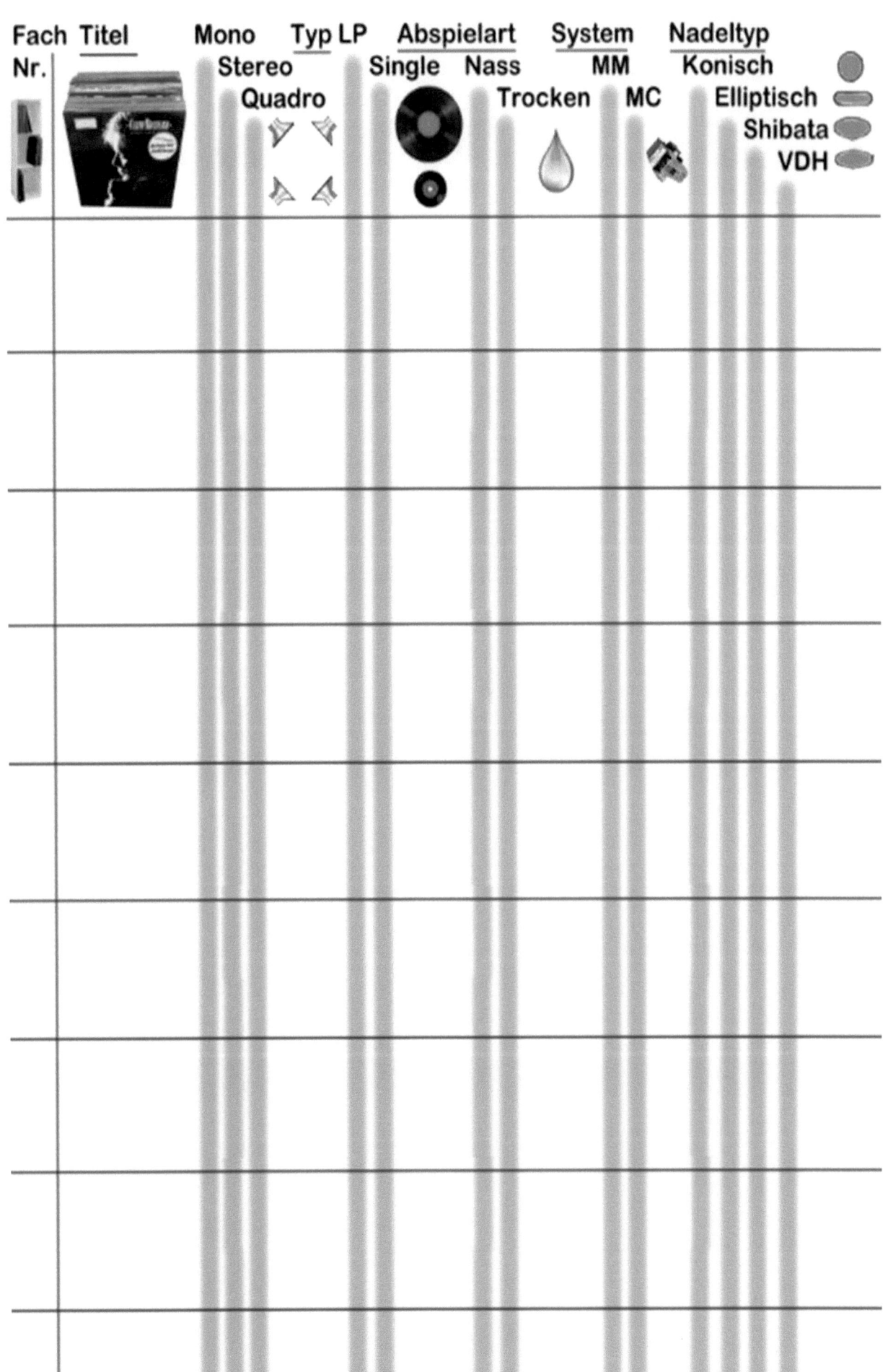

Fach Nr.	Titel	Mono Stereo Quadro	Typ LP Single	Abspielart	Nass Trocken	System MM MC	Nadeltyp Konisch Elliptisch Shibata VDH

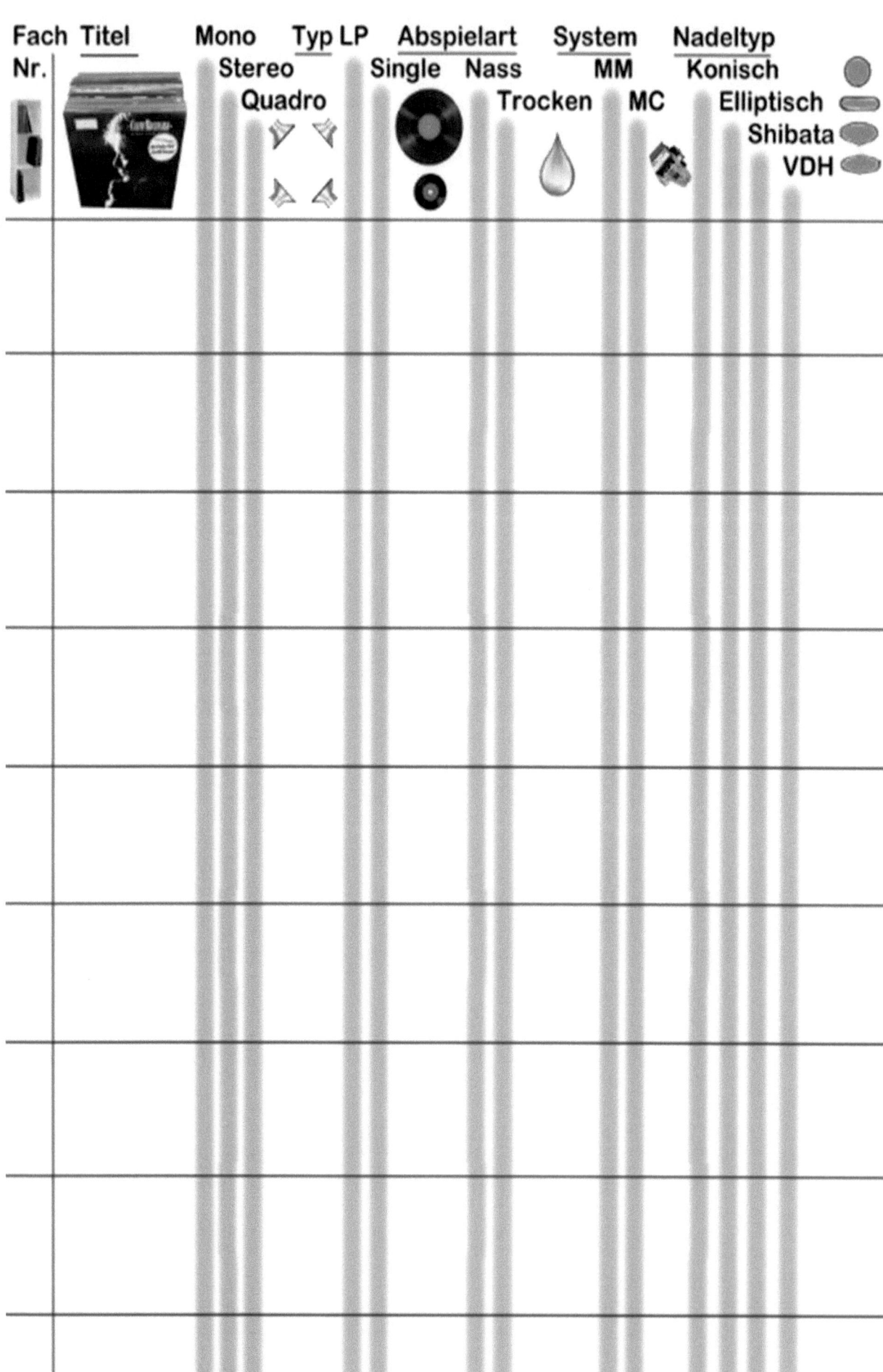

Fach Nr.	Titel	Mono	Stereo	Quadro	Typ LP	Single	Abspielart	Nass	Trocken	System MM	MC	Nadeltyp Konisch	Elliptisch	Shibata	VDH

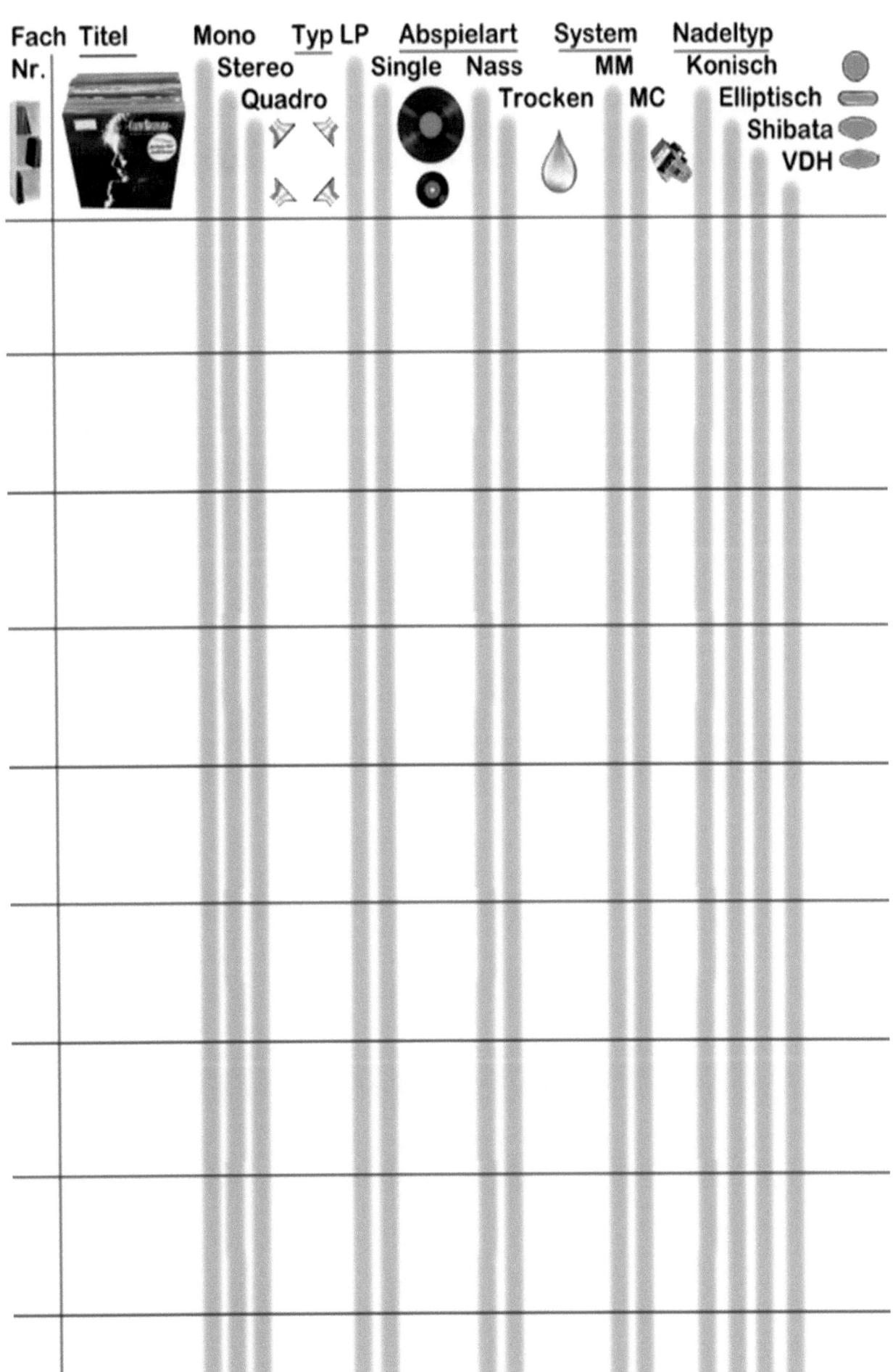

Fach Nr.	Titel	Mono Stereo Quadro	Typ LP	Abspielart Single Nass Trocken	System MM MC	Nadeltyp Konisch Elliptisch Shibata VDH

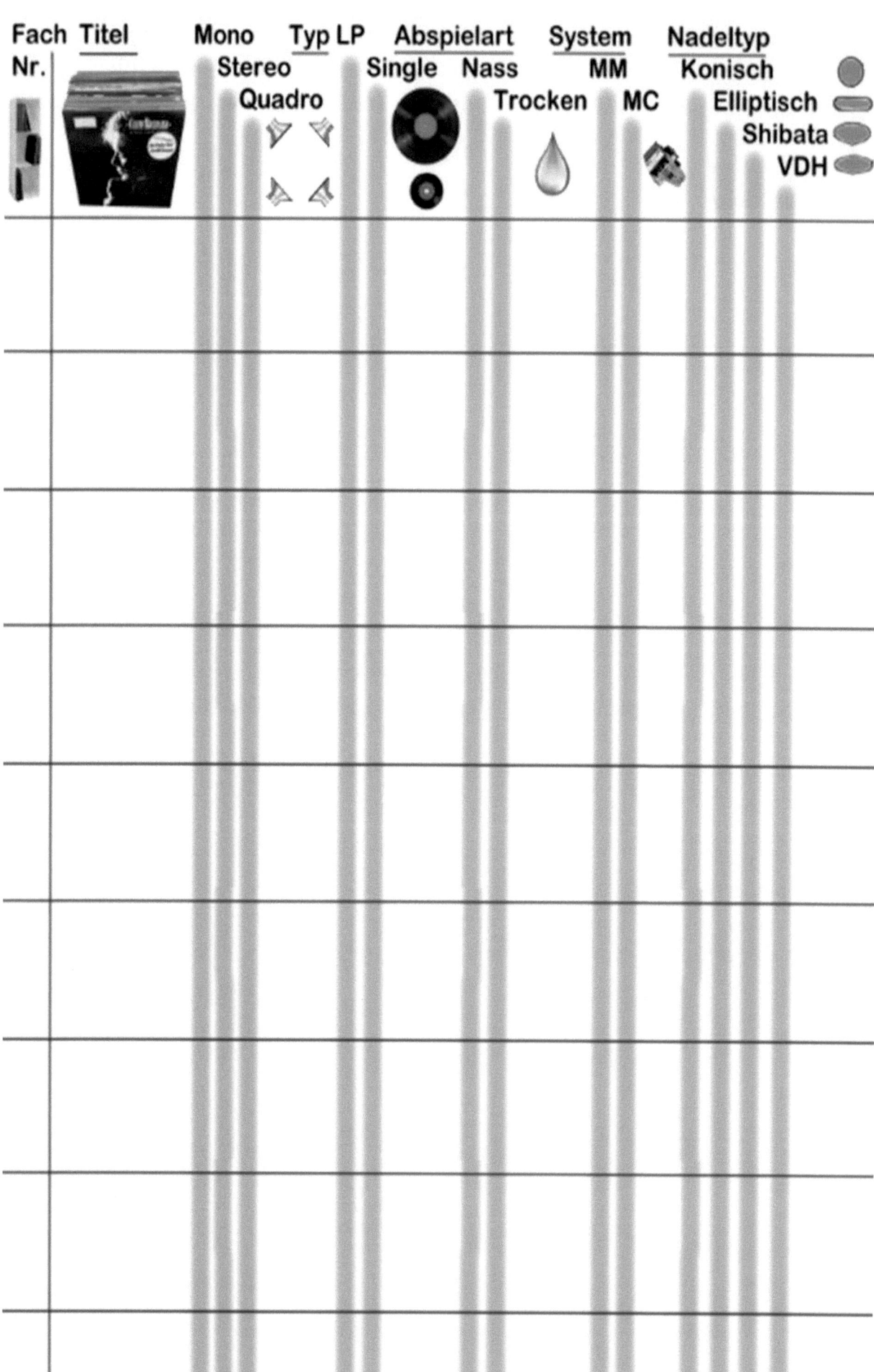

Fach Nr.	Titel	Mono Stereo	Quadro	Typ LP Single	Abspielart Nass	Trocken	System MM	MC	Nadeltyp Konisch	Elliptisch	Shibata	VDH

Fach Nr.	Titel	Mono Stereo Quadro	Typ LP Single	Abspielart Nass Trocken	System MM MC	Nadeltyp Konisch Elliptisch Shibata VDH
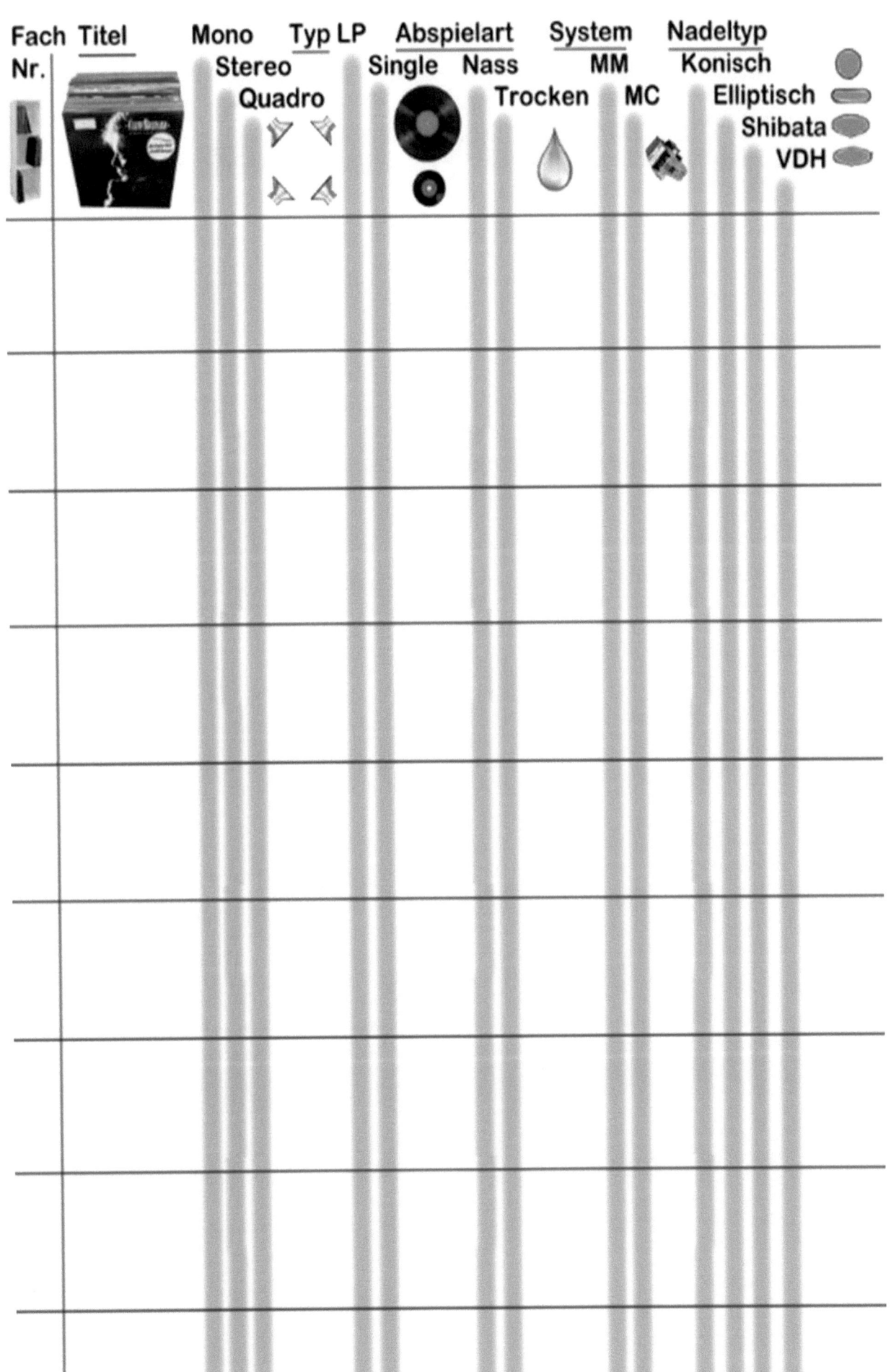						

Fach Nr.	Titel	Mono Stereo Quadro	Typ	LP Single	Abspielart Nass Trocken	System MM MC	Nadeltyp Konisch Elliptisch Shibata VDH

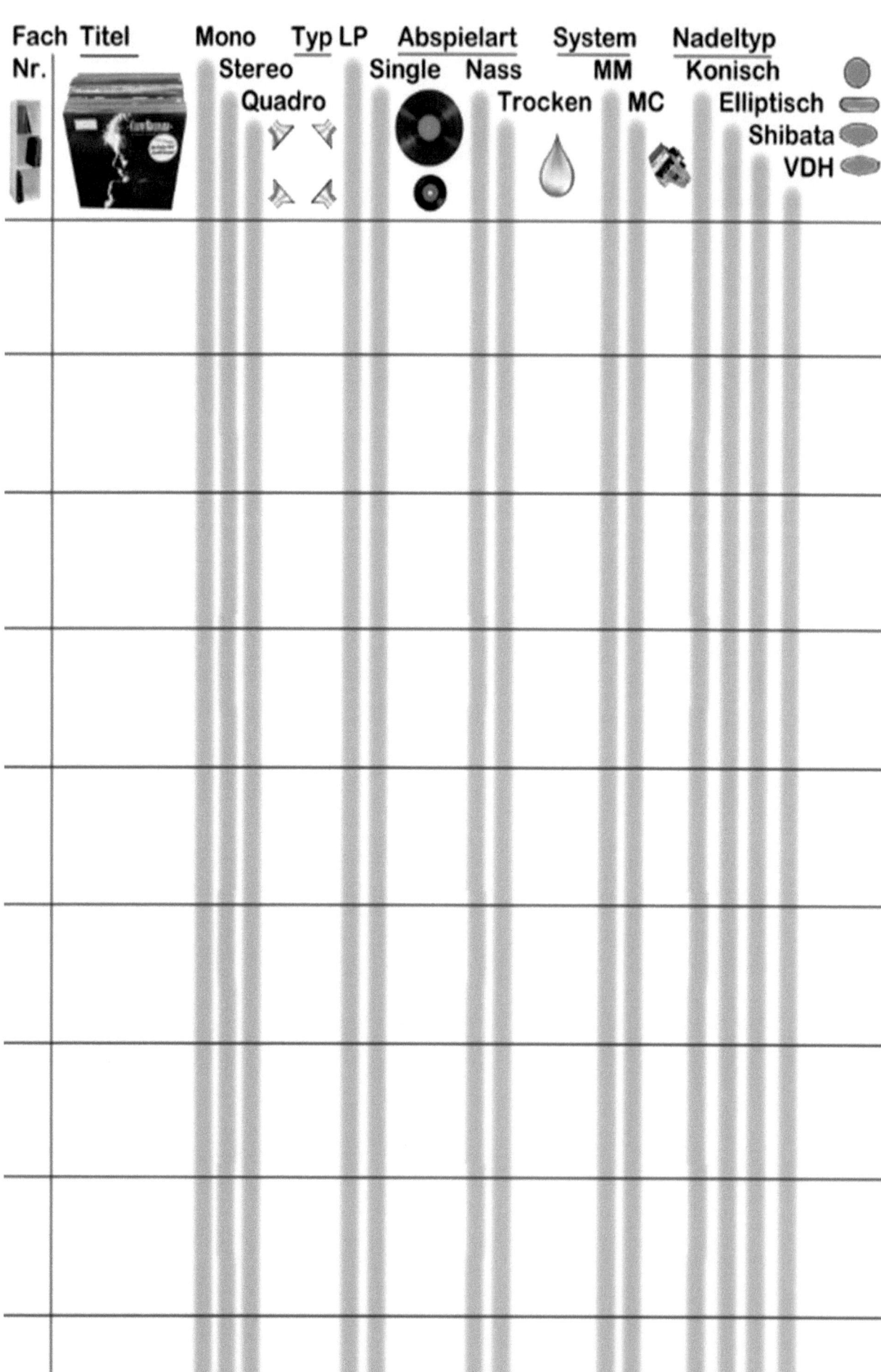

Fach Nr.	Titel	Mono Stereo	Typ Quadro	LP	Abspielart Single	Nass	System Trocken	MM	Nadeltyp MC	Konisch	Elliptisch Shibata VDH

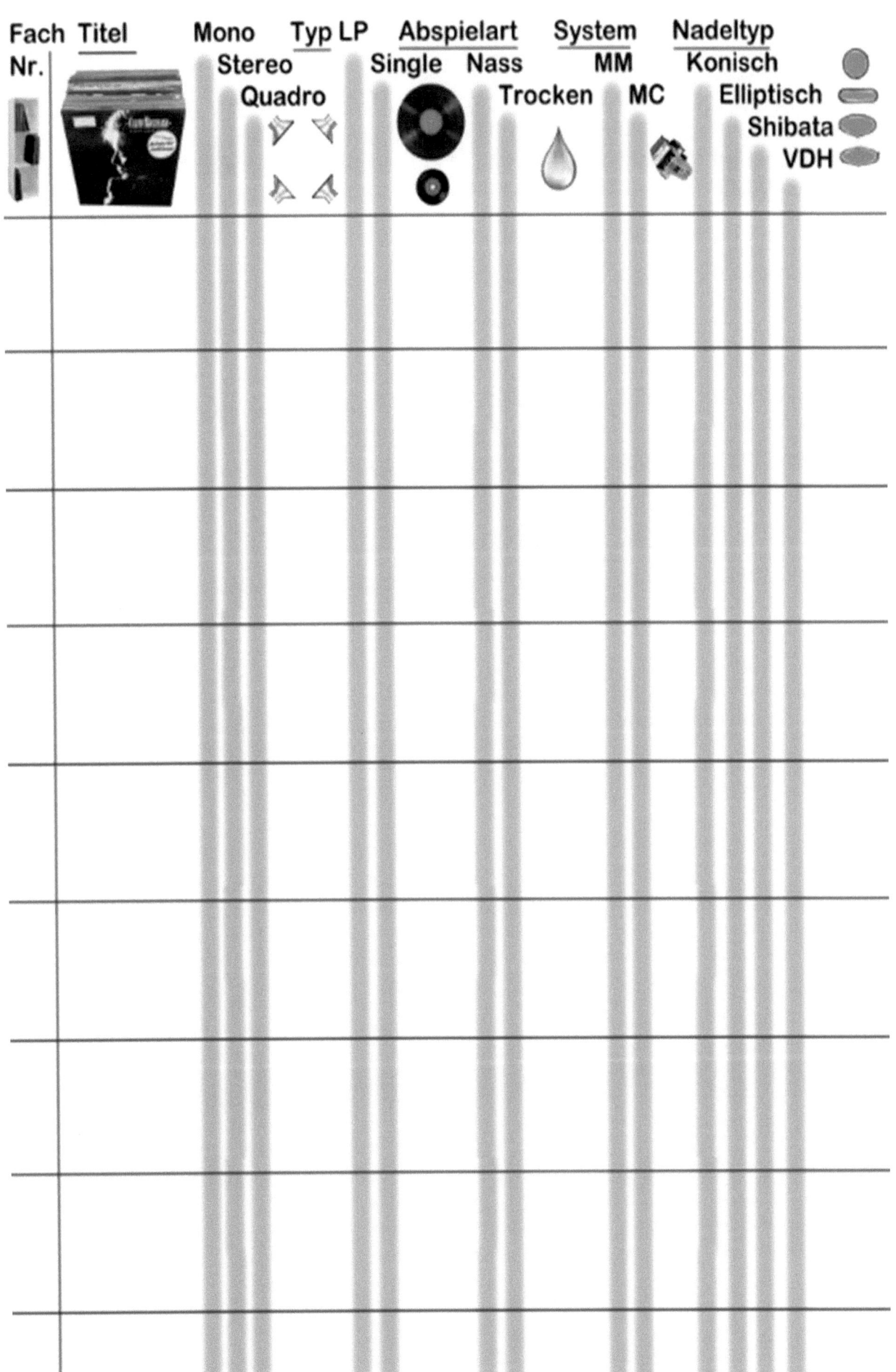

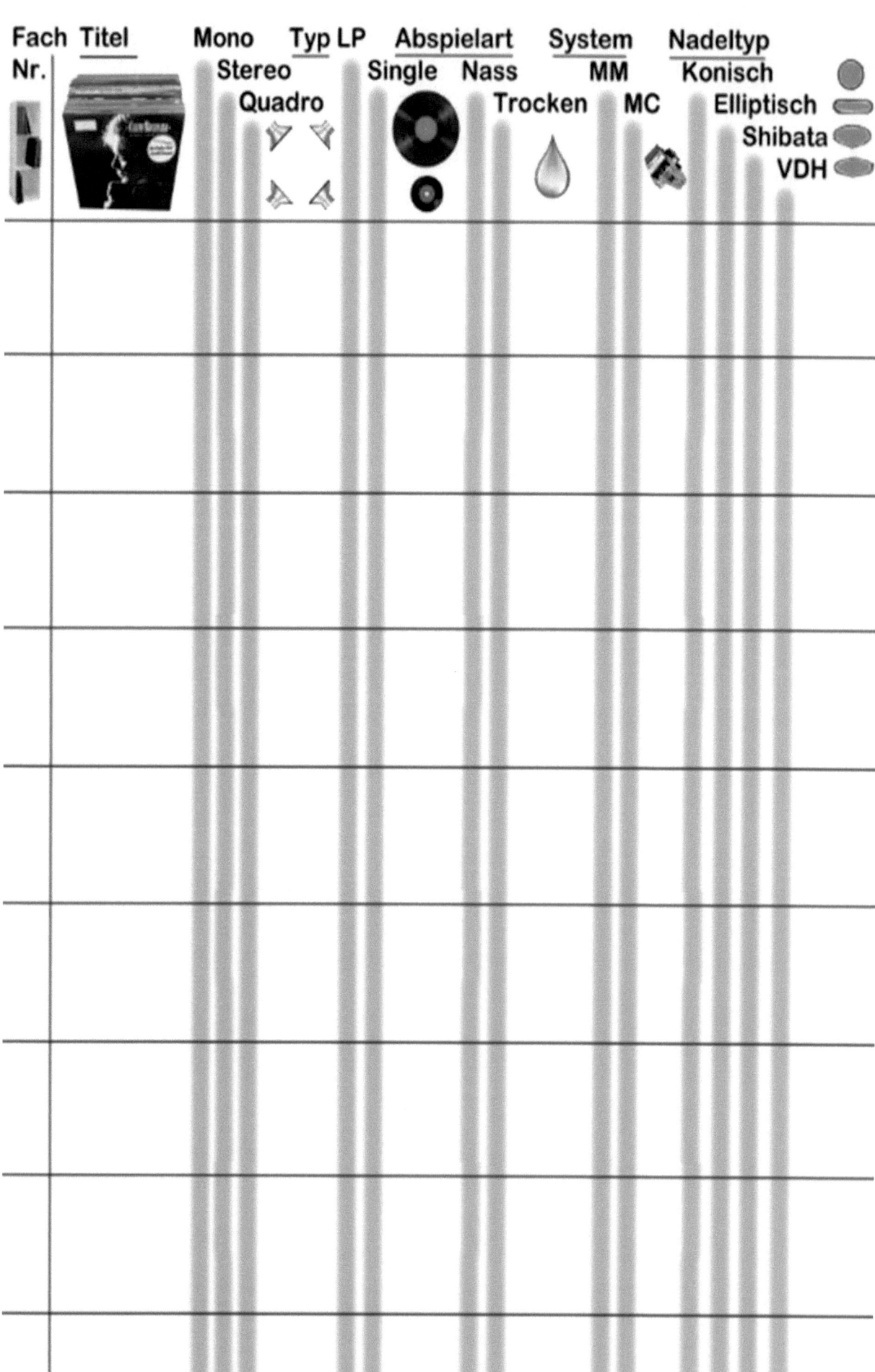

Fach Nr.	Titel	Mono Stereo Quadro	Typ LP	Abspielart Single Nass	System MM Trocken	Nadeltyp MC Konisch Elliptisch Shibata VDH

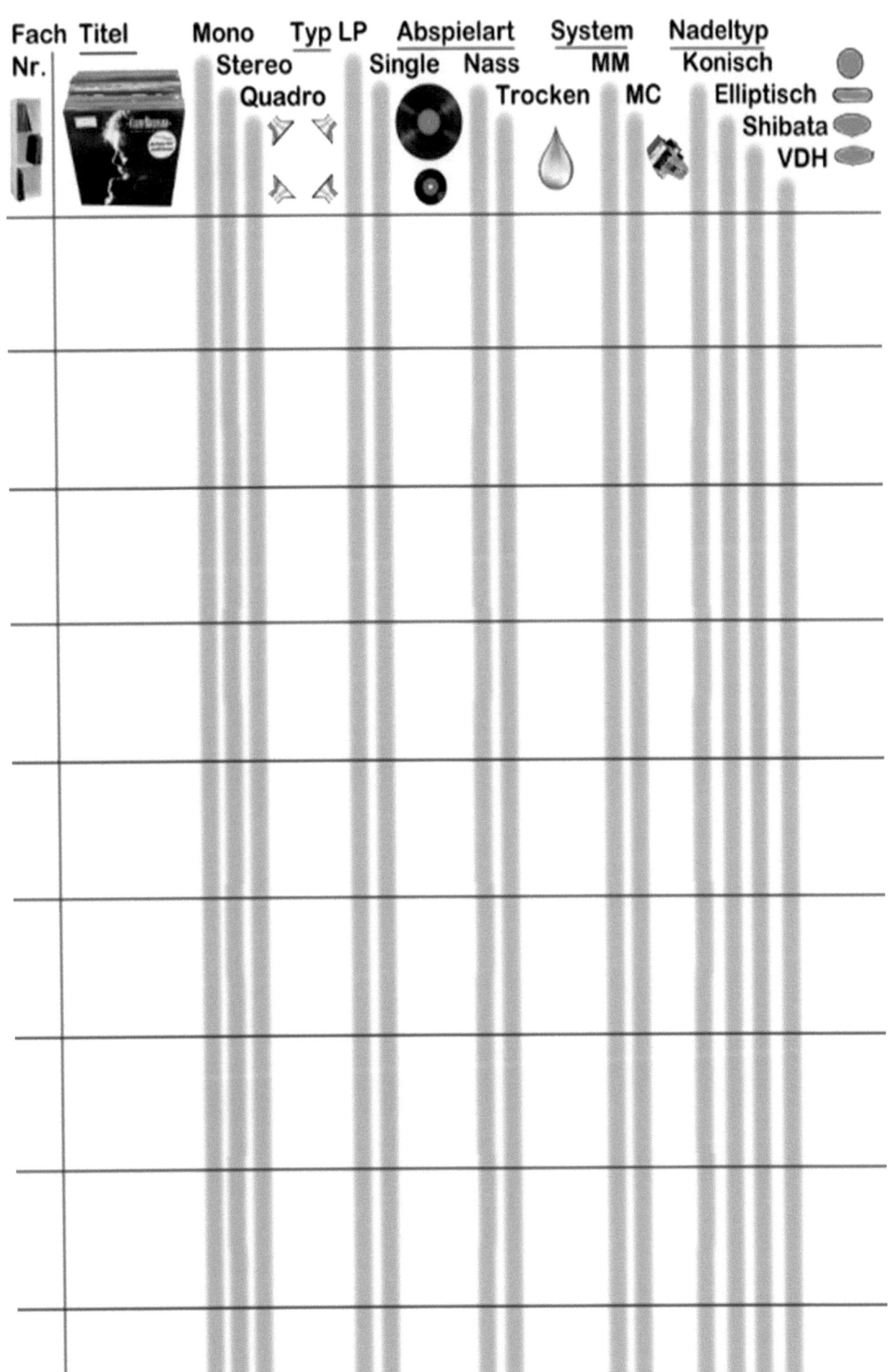

Fach Nr.	Titel	Mono Stereo Quadro	Typ	LP Single	Abspielart Nass Trocken	System MM MC	Nadeltyp Konisch Elliptisch Shibata VDH

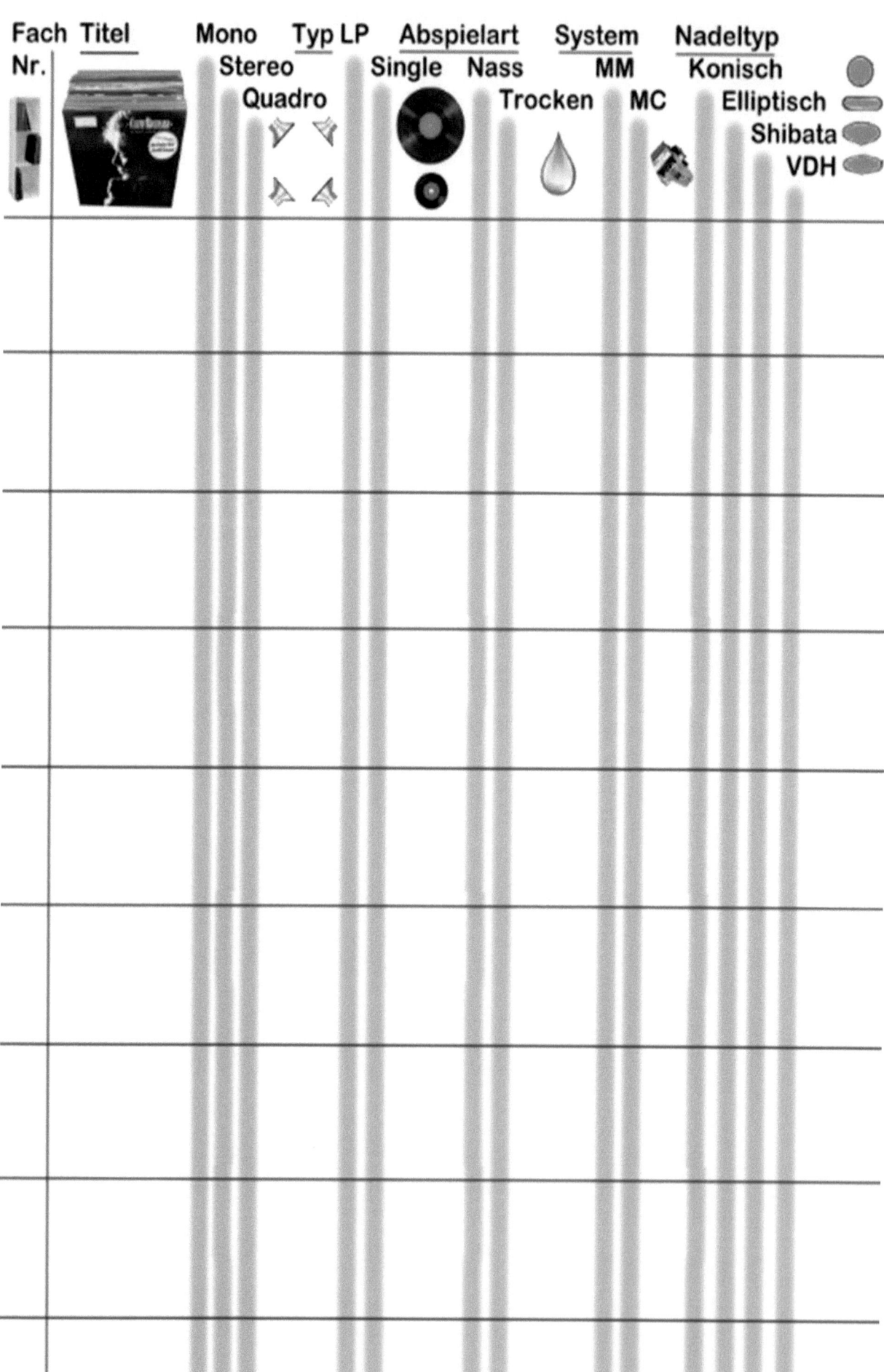

Fach Nr.	Titel	Mono Stereo Quadro	Typ LP Single	Abspielart Nass Trocken	System MM MC	Nadeltyp Konisch Elliptisch Shibata VDH

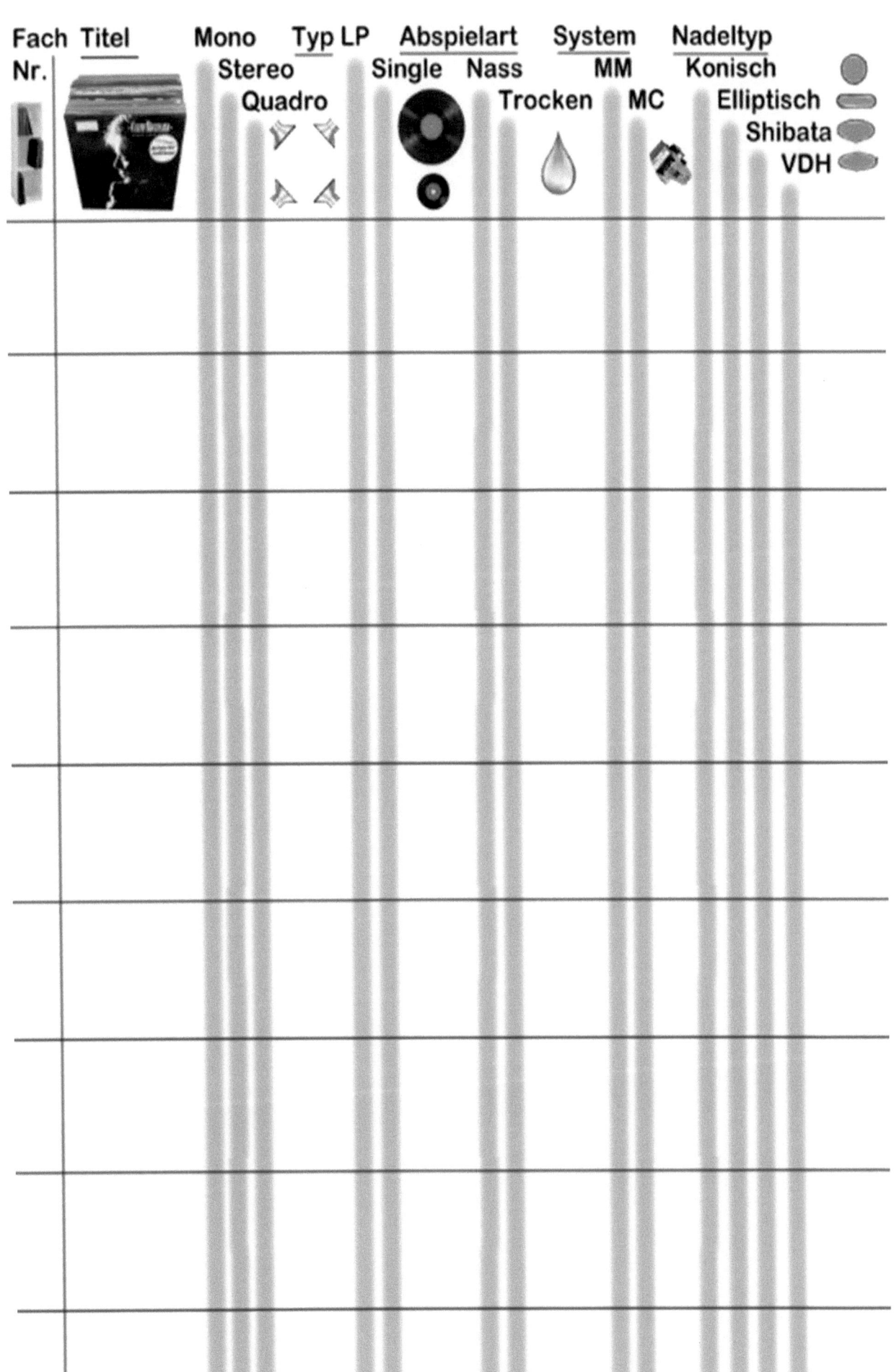

Fach Nr.	Titel	Mono Stereo Quadro	Typ	LP Single	Abspielart Nass Trocken	System MM MC	Nadeltyp Konisch Elliptisch Shibata VDH

Fach Nr.	Titel	Mono Stereo Quadro	Typ LP Single	Abspielart Nass Trocken	System MM MC	Nadeltyp Konisch Elliptisch Shibata VDH
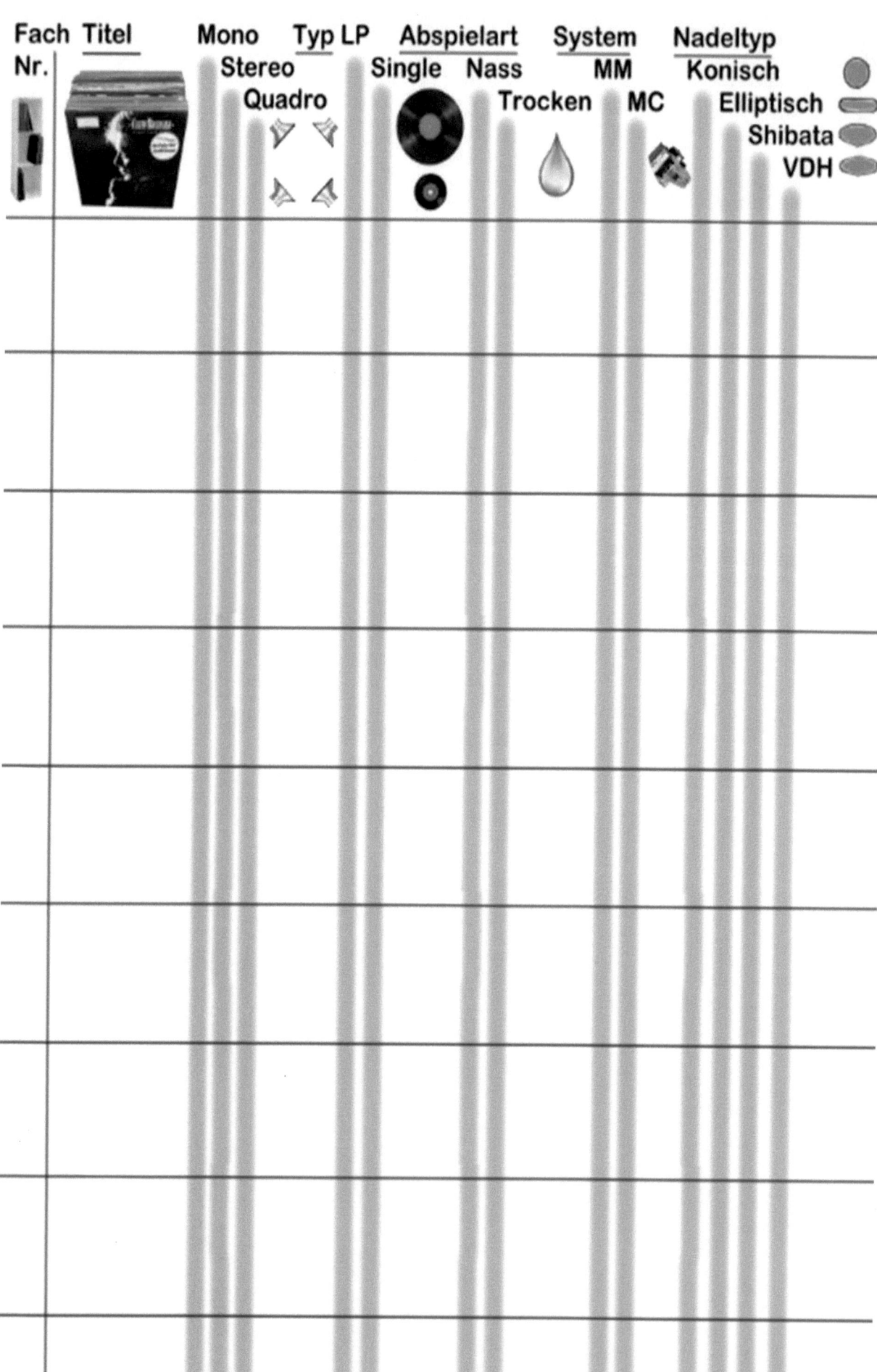

Fach Nr.	Titel	Mono Stereo	Typ Quadro	LP Single	Abspielart Nass Trocken	System MM MC	Nadeltyp Konisch Elliptisch Shibata VDH
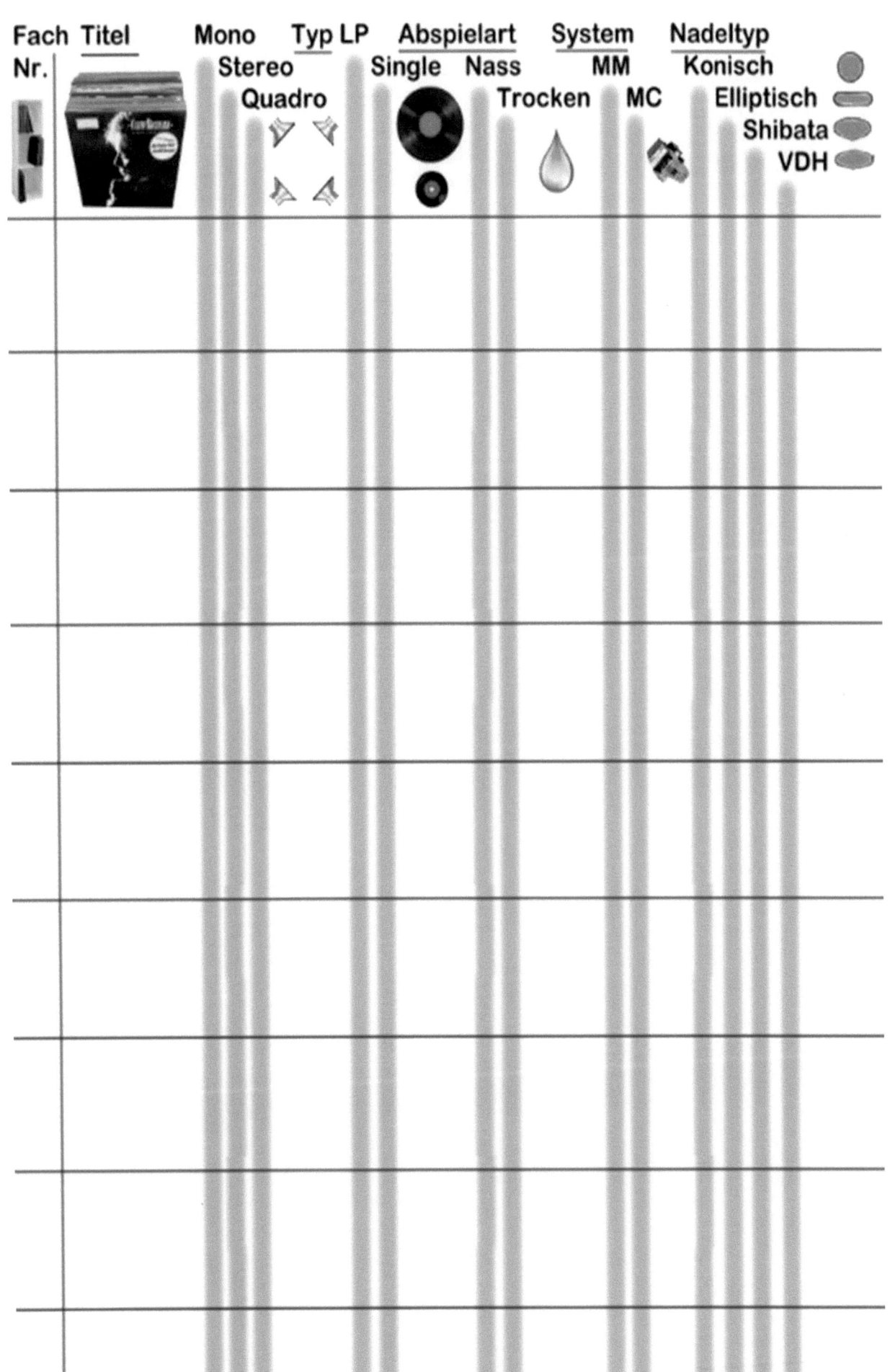

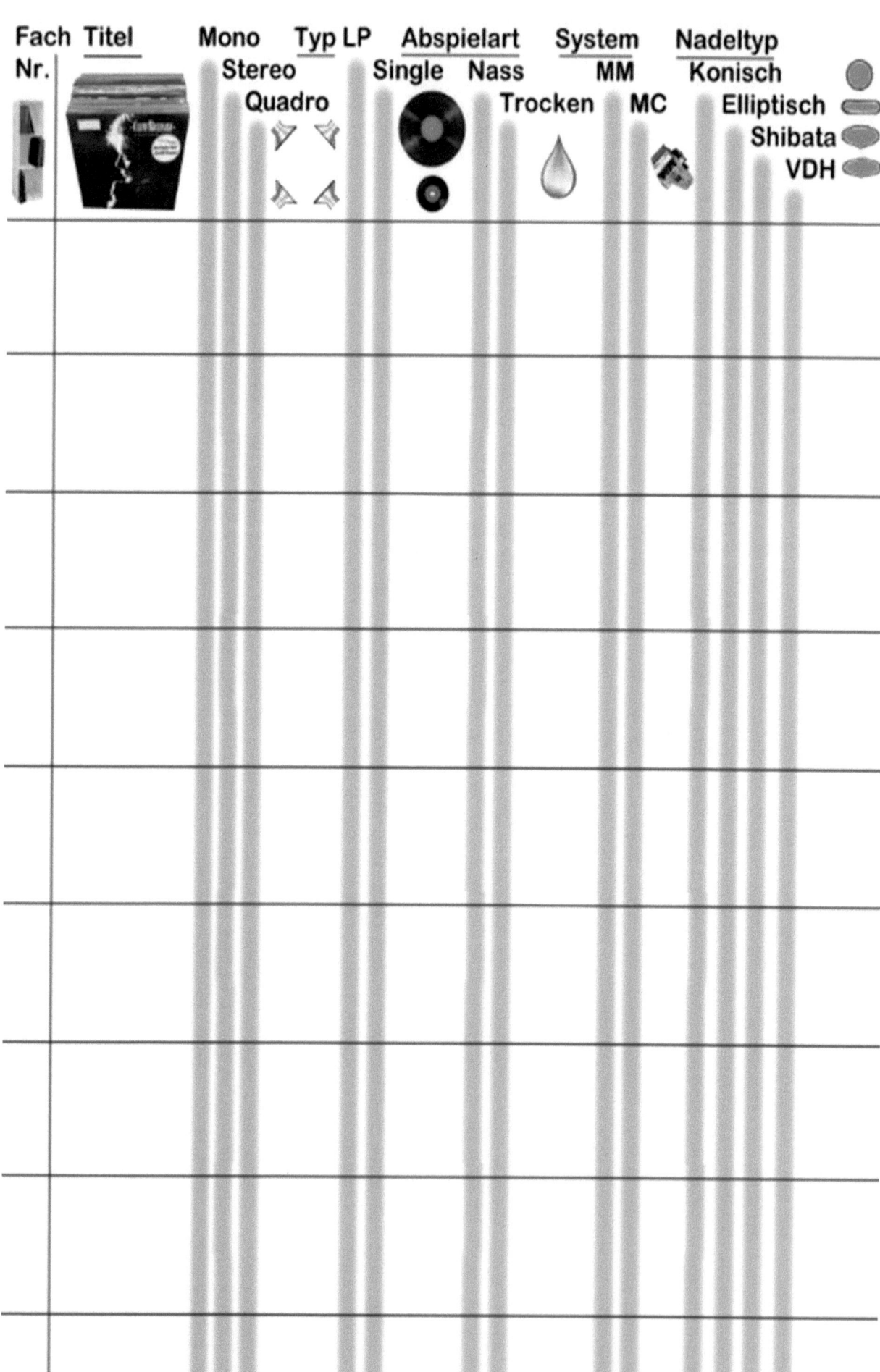

Fach Nr.	Titel	Mono Stereo Quadro	Typ LP	Abspielart Single Nass	Trocken	System MM MC	Nadeltyp Konisch Elliptisch Shibata VDH

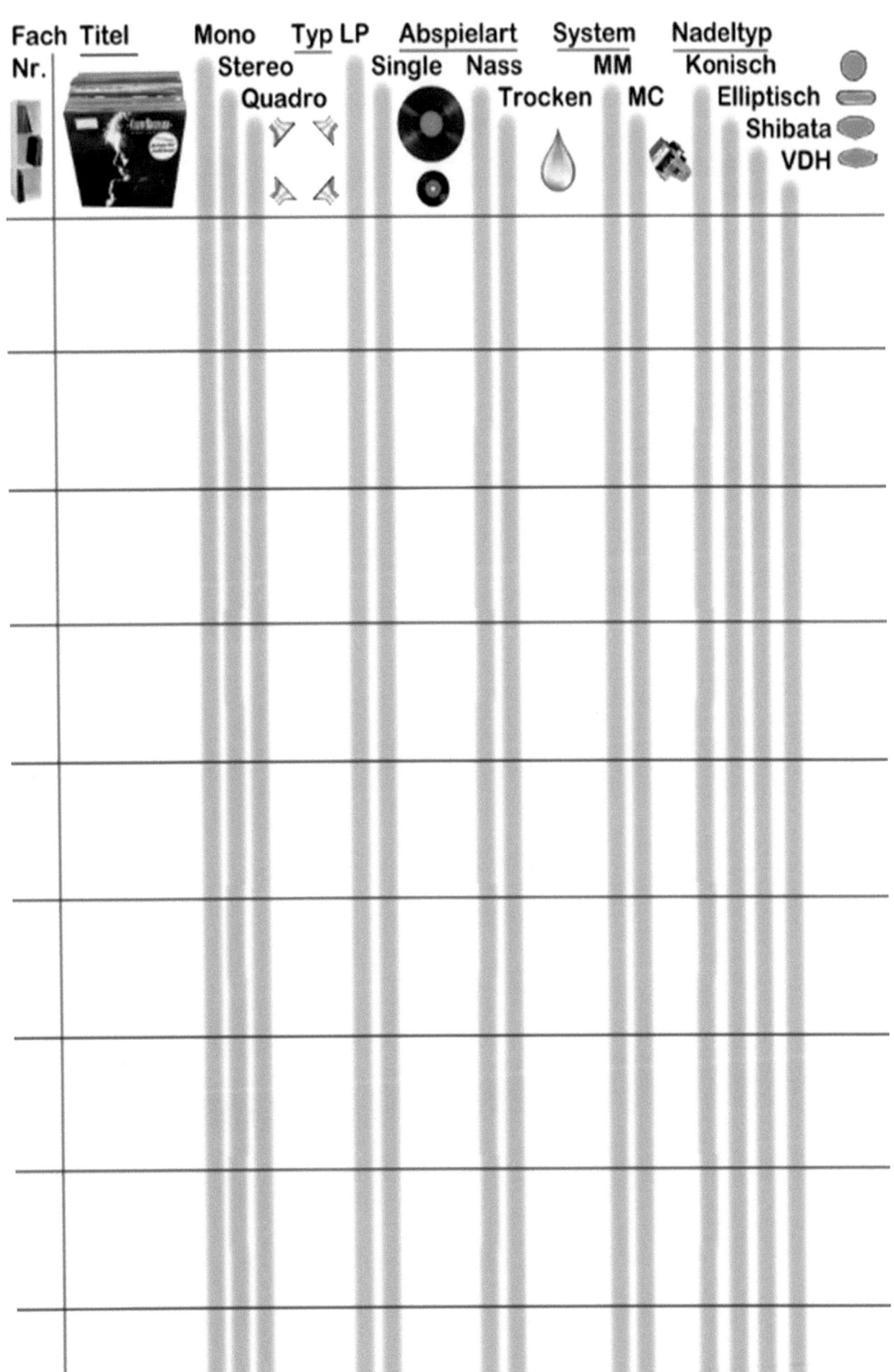

Fach Nr.	Titel	Mono Stereo Quadro	Typ LP	Abspielart Single	Nass Trocken	System MM MC	Nadeltyp Konisch Elliptisch Shibata VDH

Fach Nr.	Titel	Mono Stereo Quadro	Typ LP Single	Abspielart Nass Trocken	System MM MC	Nadeltyp Konisch Elliptisch Shibata VDH
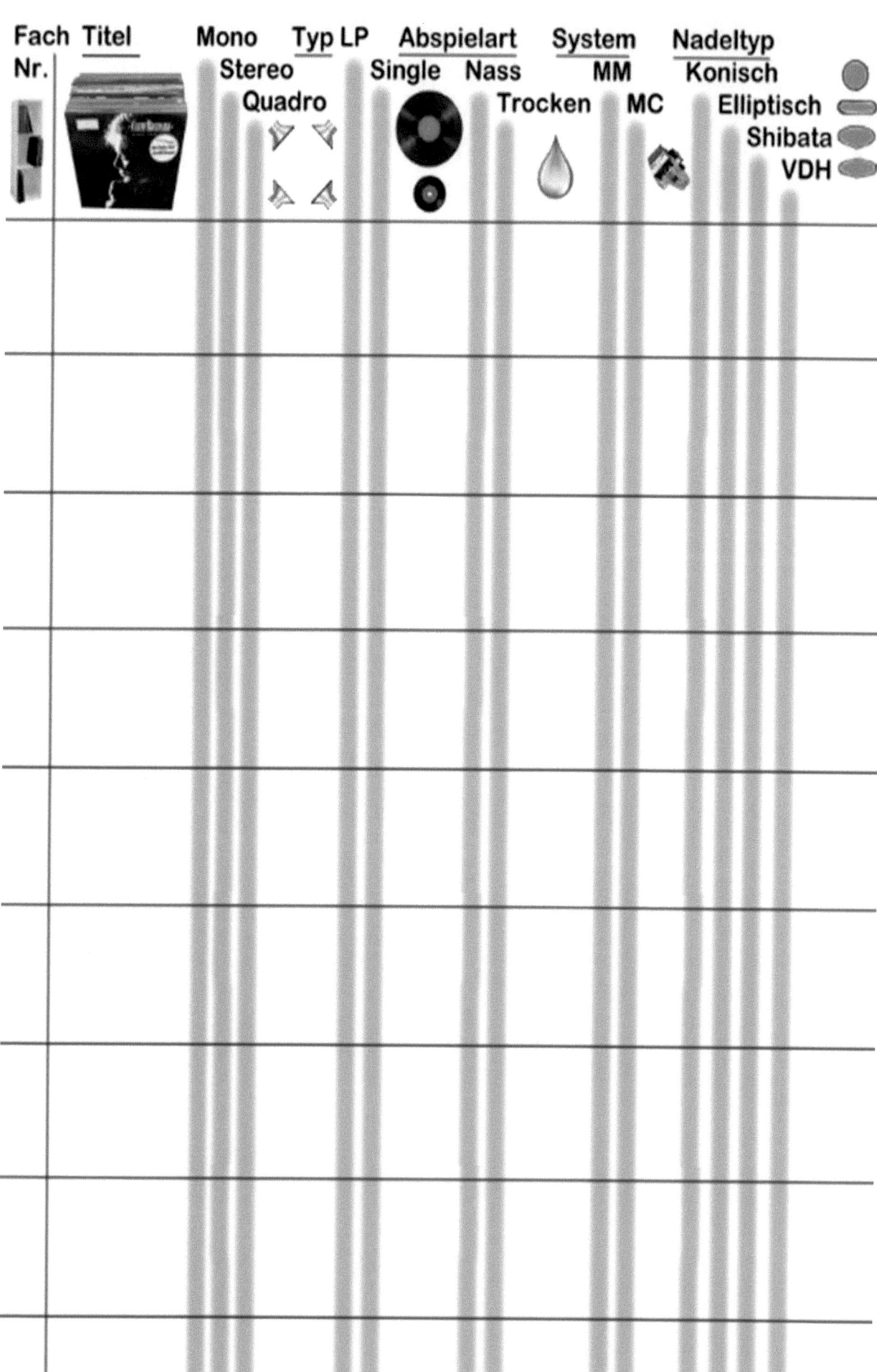

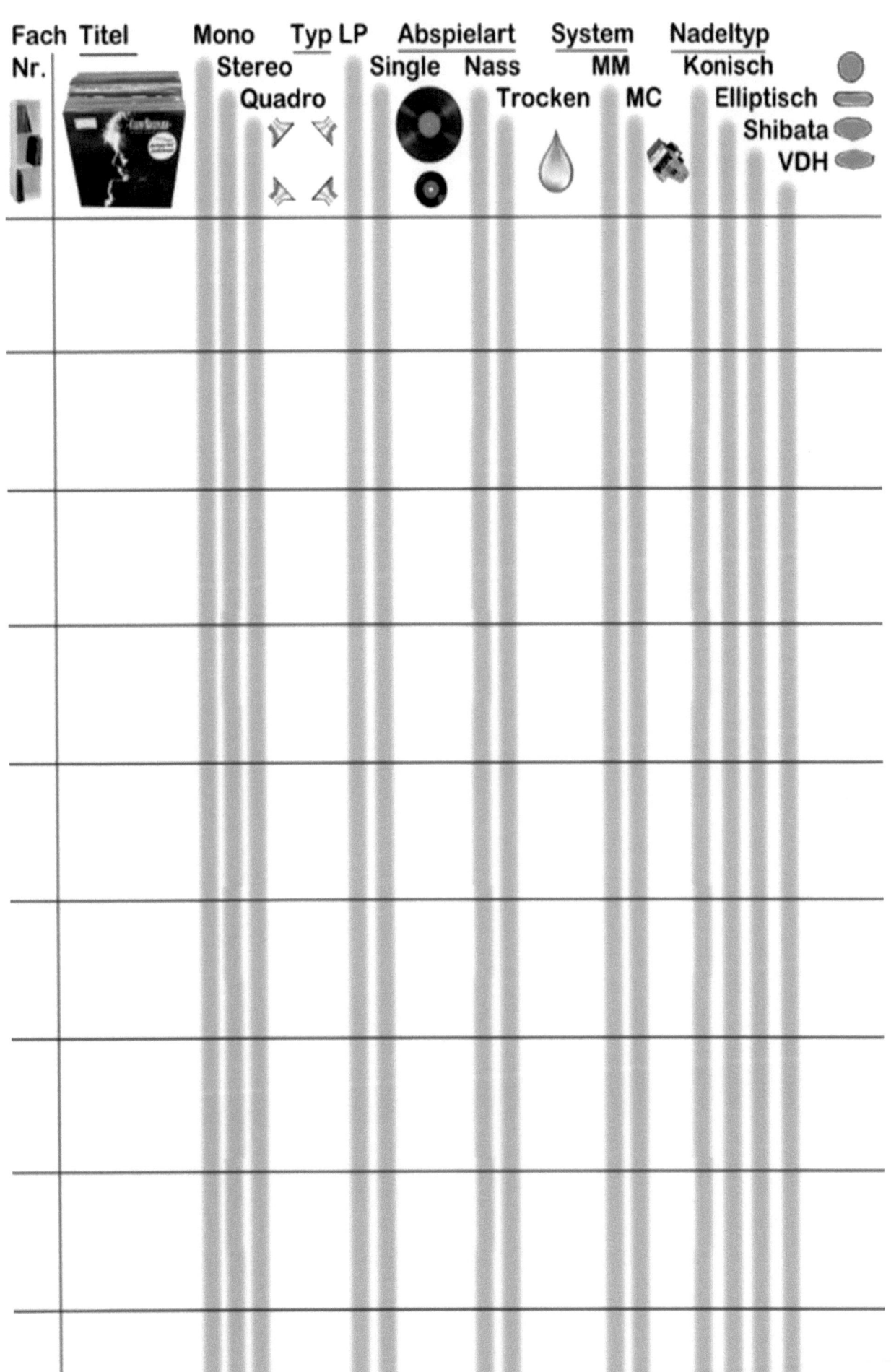

Fach Nr.	Titel	Mono Stereo Quadro	Typ LP Single	Abspielart Nass Trocken	System MM MC	Nadeltyp Konisch Elliptisch Shibata VDH

Fach Nr.	Titel	Mono Stereo Quadro	Typ LP Single	Abspielart	Nass Trocken	System MM MC	Nadeltyp Konisch Elliptisch Shibata VDH

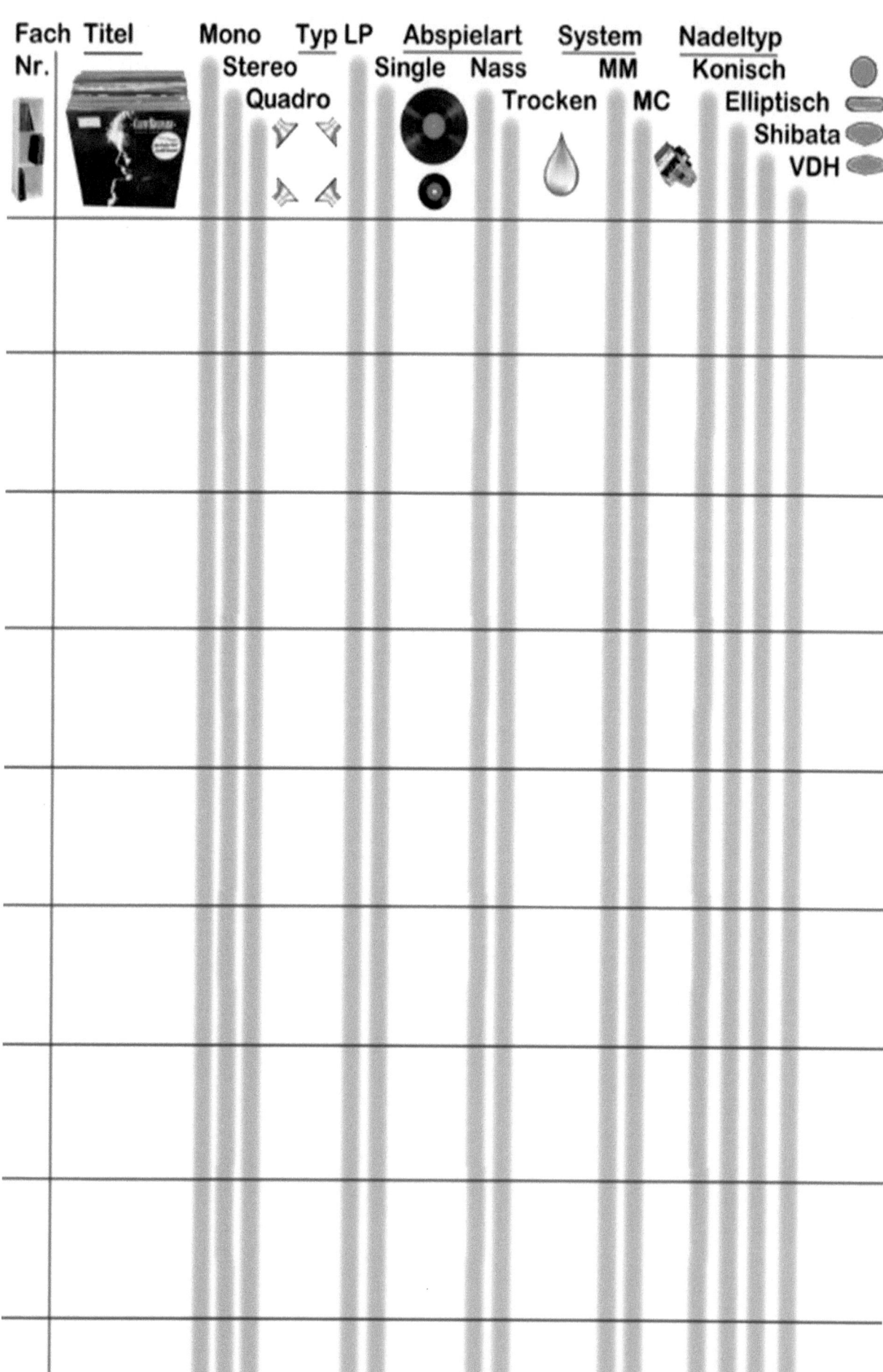

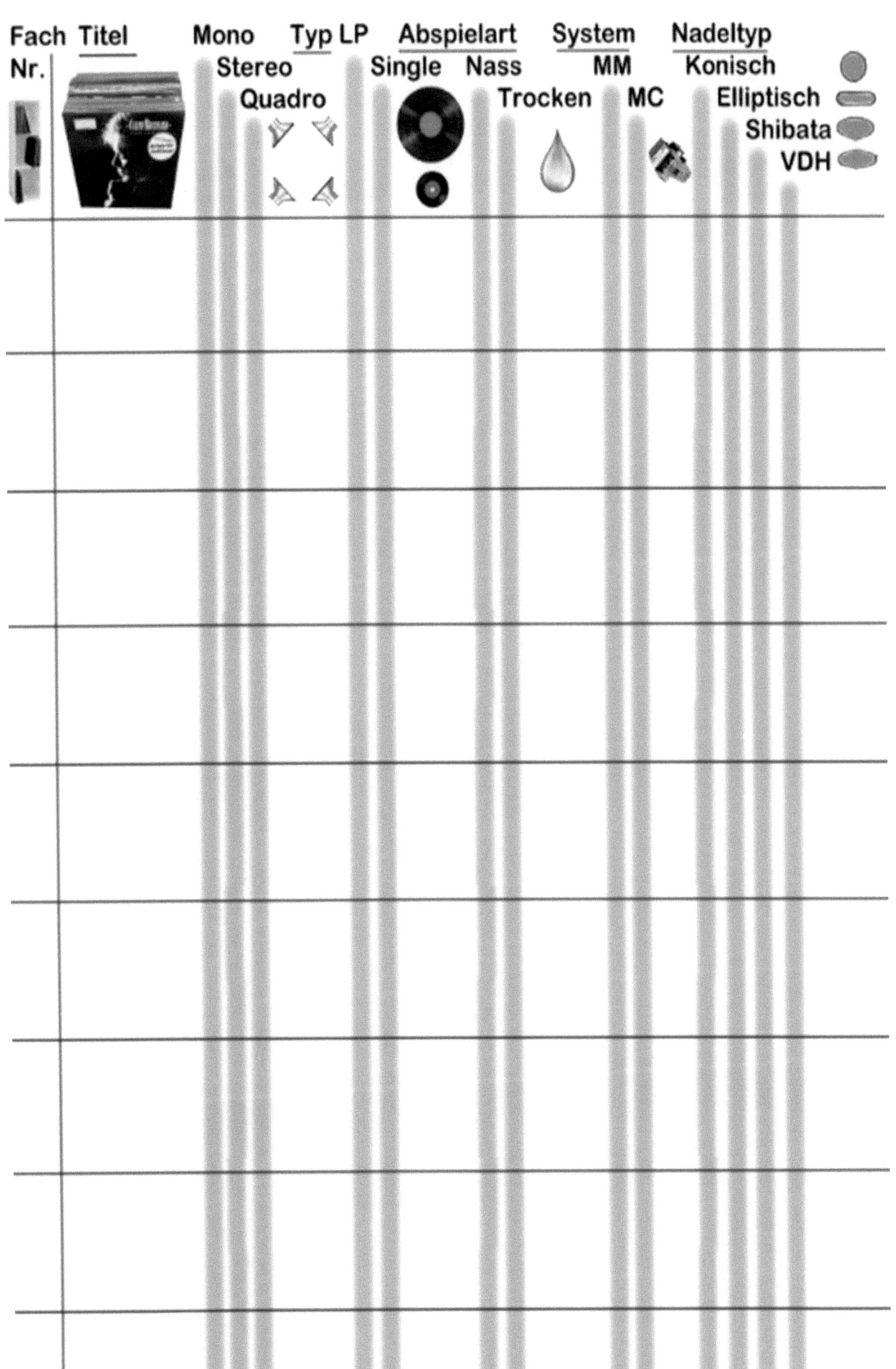

Fach Nr.	Titel	Mono Stereo Quadro	Typ	LP Single	Abspielart	Nass Trocken	System MM MC	Nadeltyp Konisch Elliptisch Shibata VDH

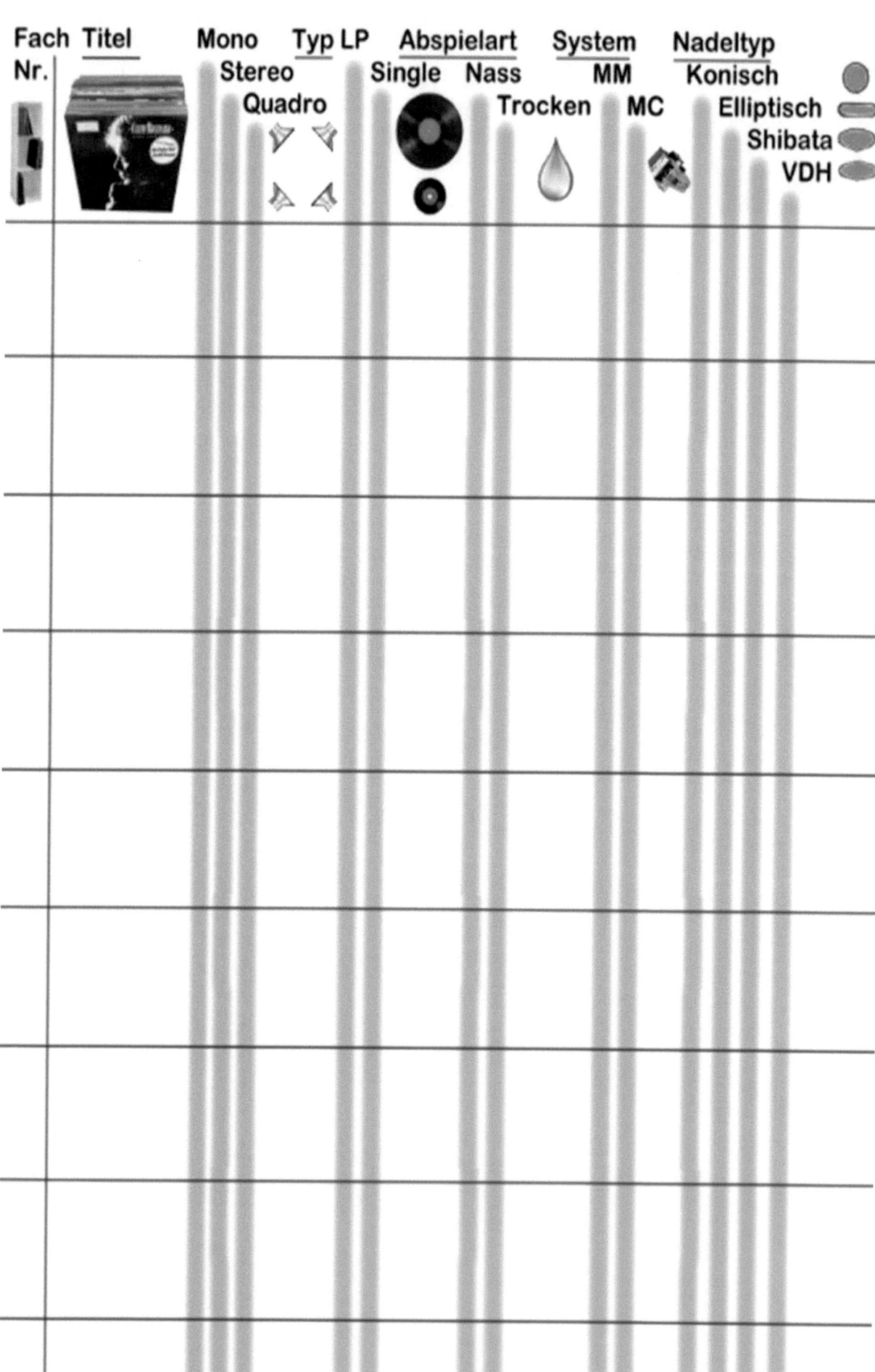

Fach Nr.	Titel	Mono Stereo Quadro	Typ LP	Abspielart Single Nass	System MM Trocken	Nadeltyp MC Konisch Elliptisch Shibata VDH

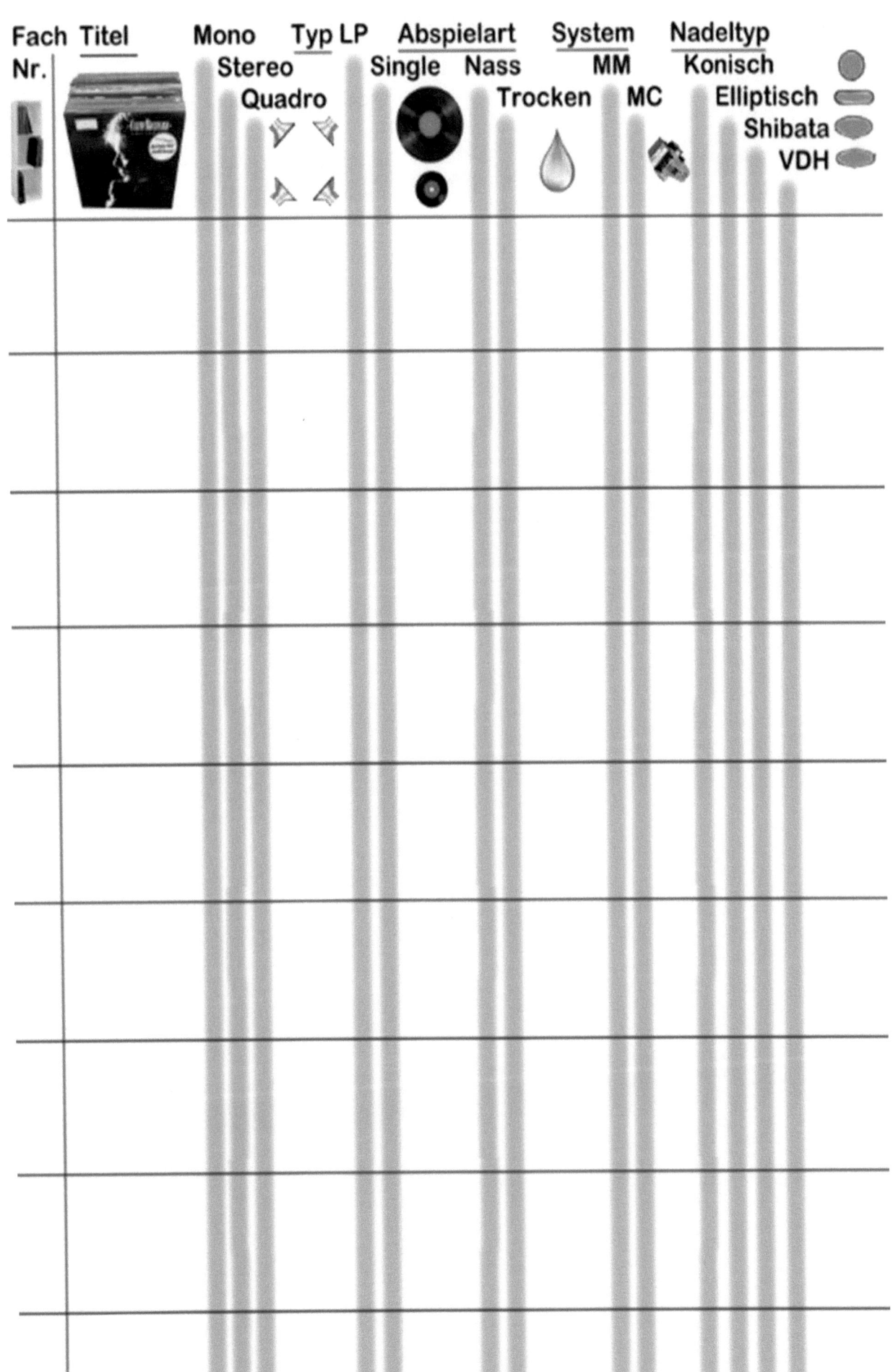

Fach Nr.	Titel	Mono Stereo Quadro	Typ LP Single	Abspielart Nass Trocken	System MM MC	Nadeltyp Konisch Elliptisch Shibata VDH

Fach Nr.	Titel	Mono Stereo Quadro	Typ LP Single	Abspielart	System MM MC	Nadeltyp Konisch Elliptisch Shibata VDH
				Nass Trocken		

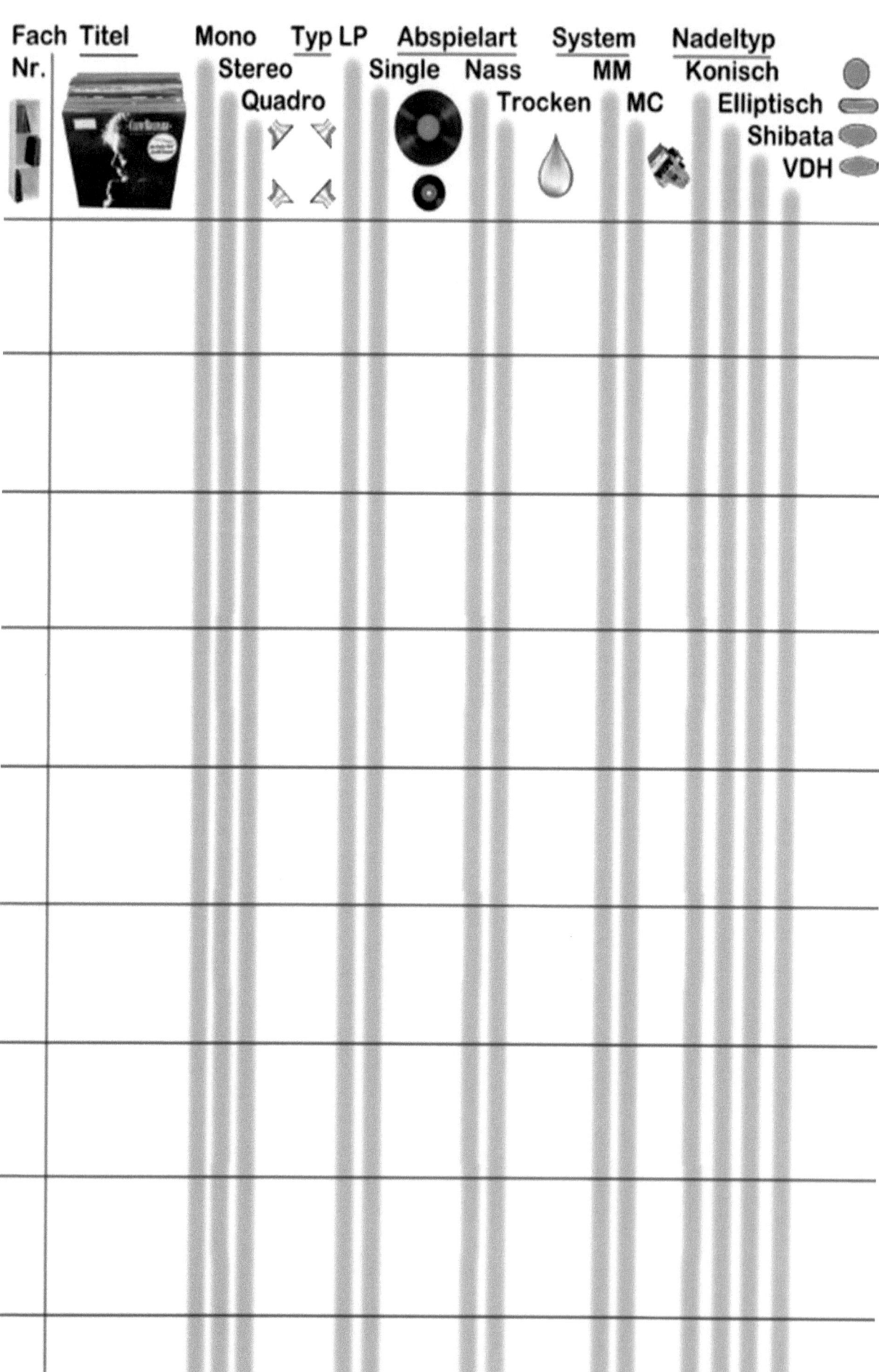

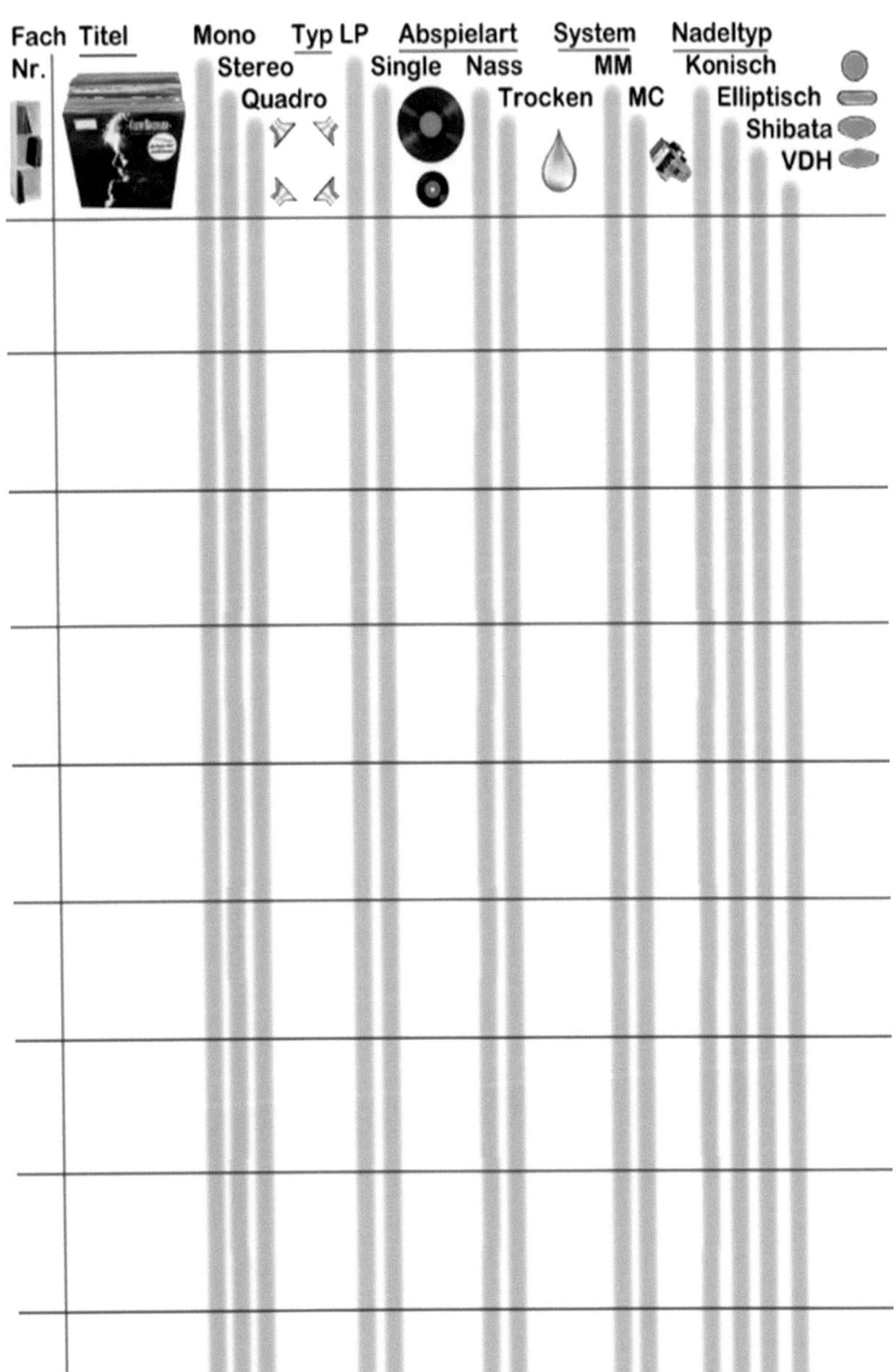

Fach Nr.	Titel	Mono Stereo Quadro	Typ LP Single	Abspielart Nass Trocken	System MM MC	Nadeltyp Konisch Elliptisch Shibata VDH

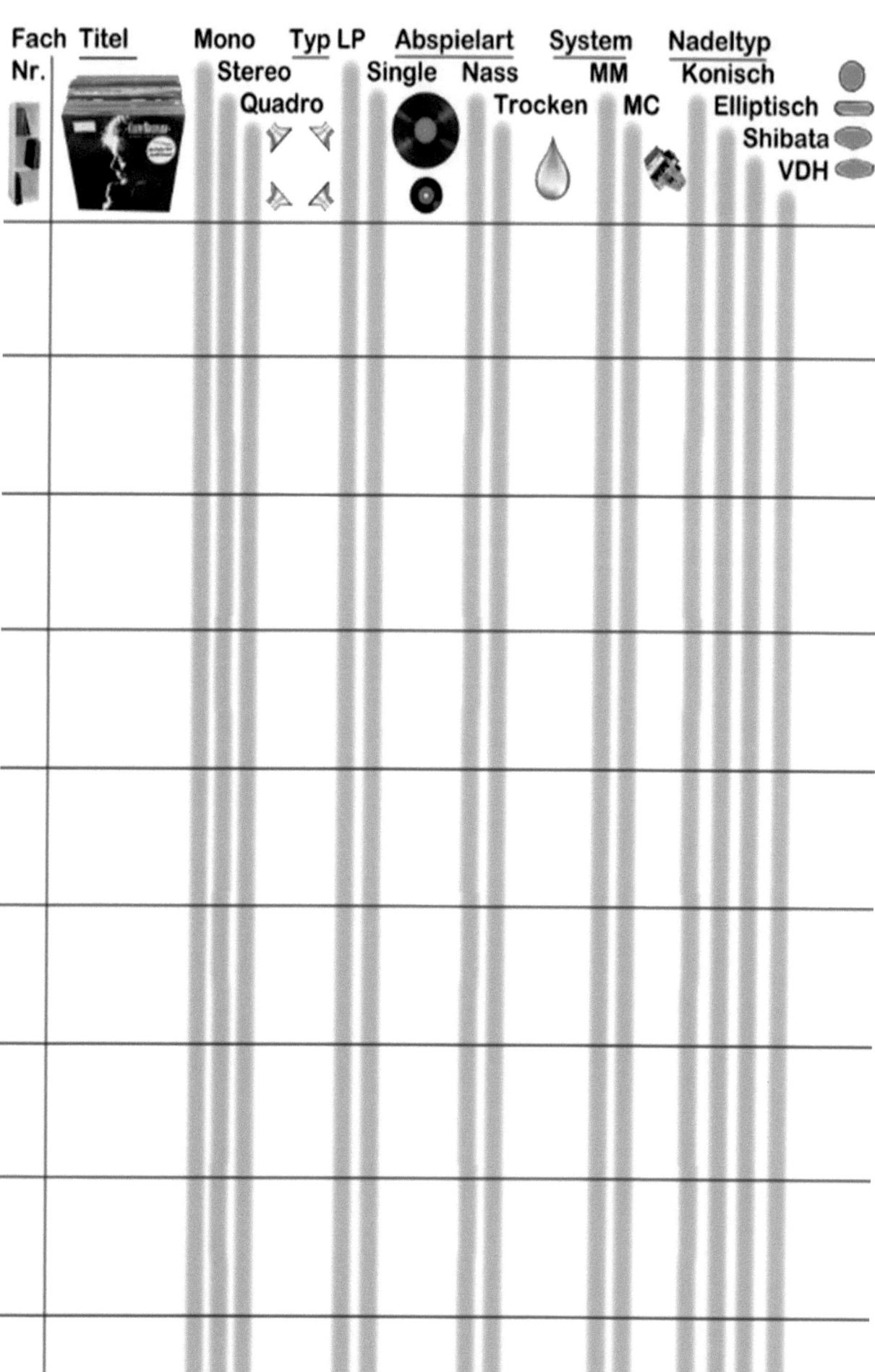

Fach Nr.	Titel	Mono Stereo Quadro	Typ LP Single	Abspielart	System Nass Trocken	MM MC	Nadeltyp Konisch Elliptisch Shibata VDH

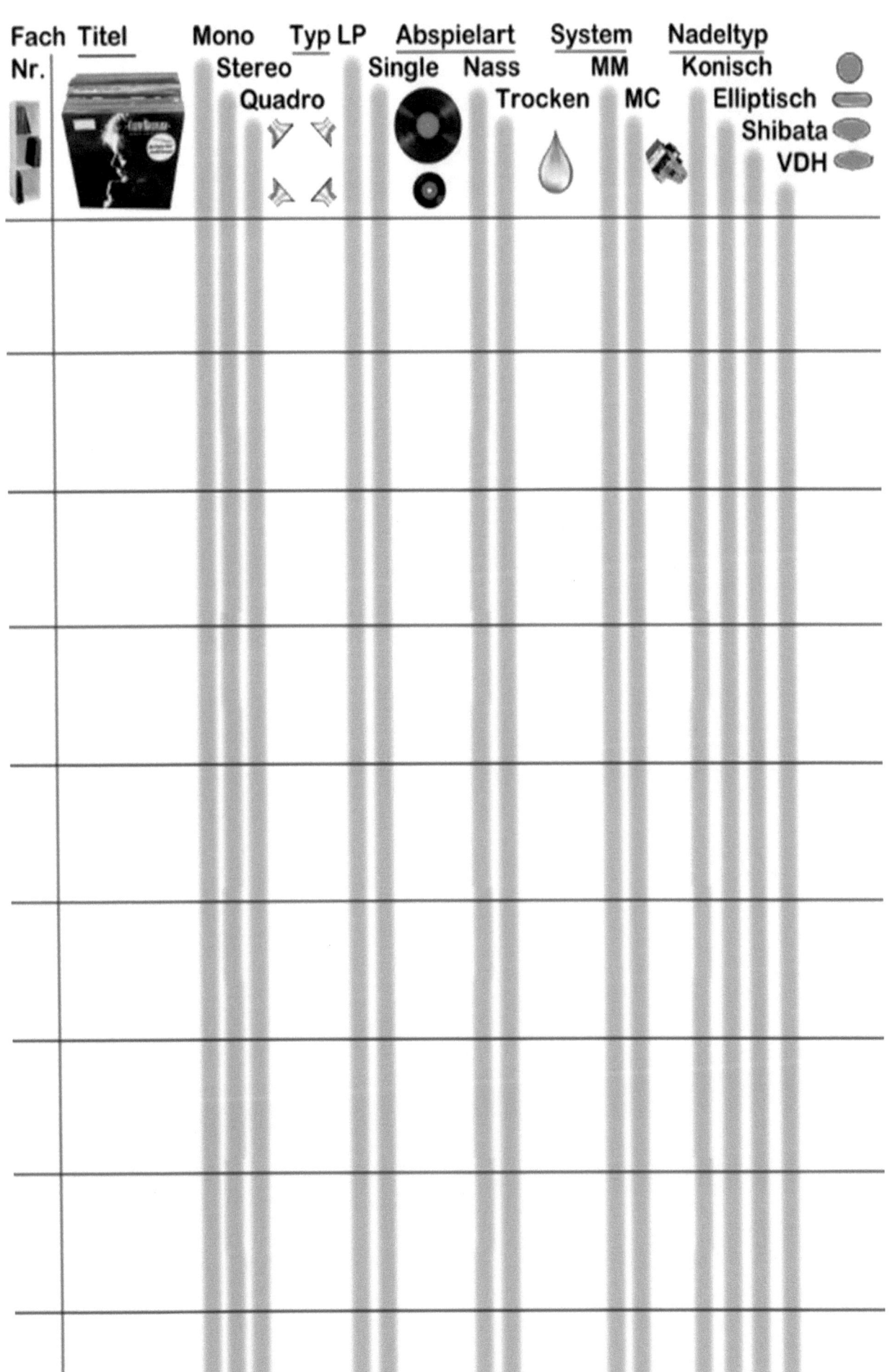

Fach Nr.	Titel	Mono Stereo Quadro	Typ LP	Abspielart Single	Nass Trocken	System MM MC	Nadeltyp Konisch Elliptisch Shibata VDH

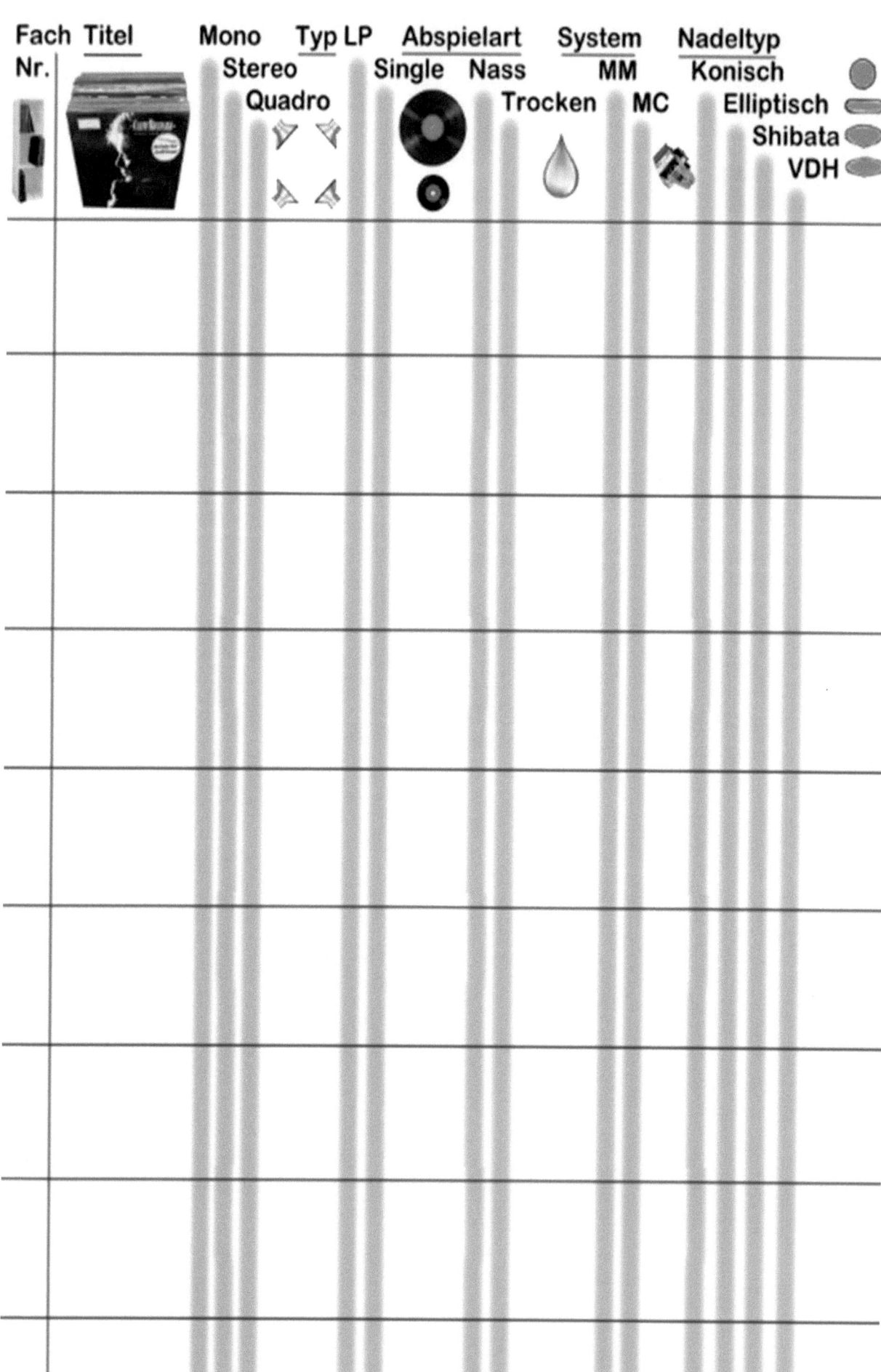

Fach Nr.	Titel	Mono Stereo Quadro	Typ LP Single	Abspielart Nass Trocken	System MM MC	Nadeltyp Konisch Elliptisch Shibata VDH

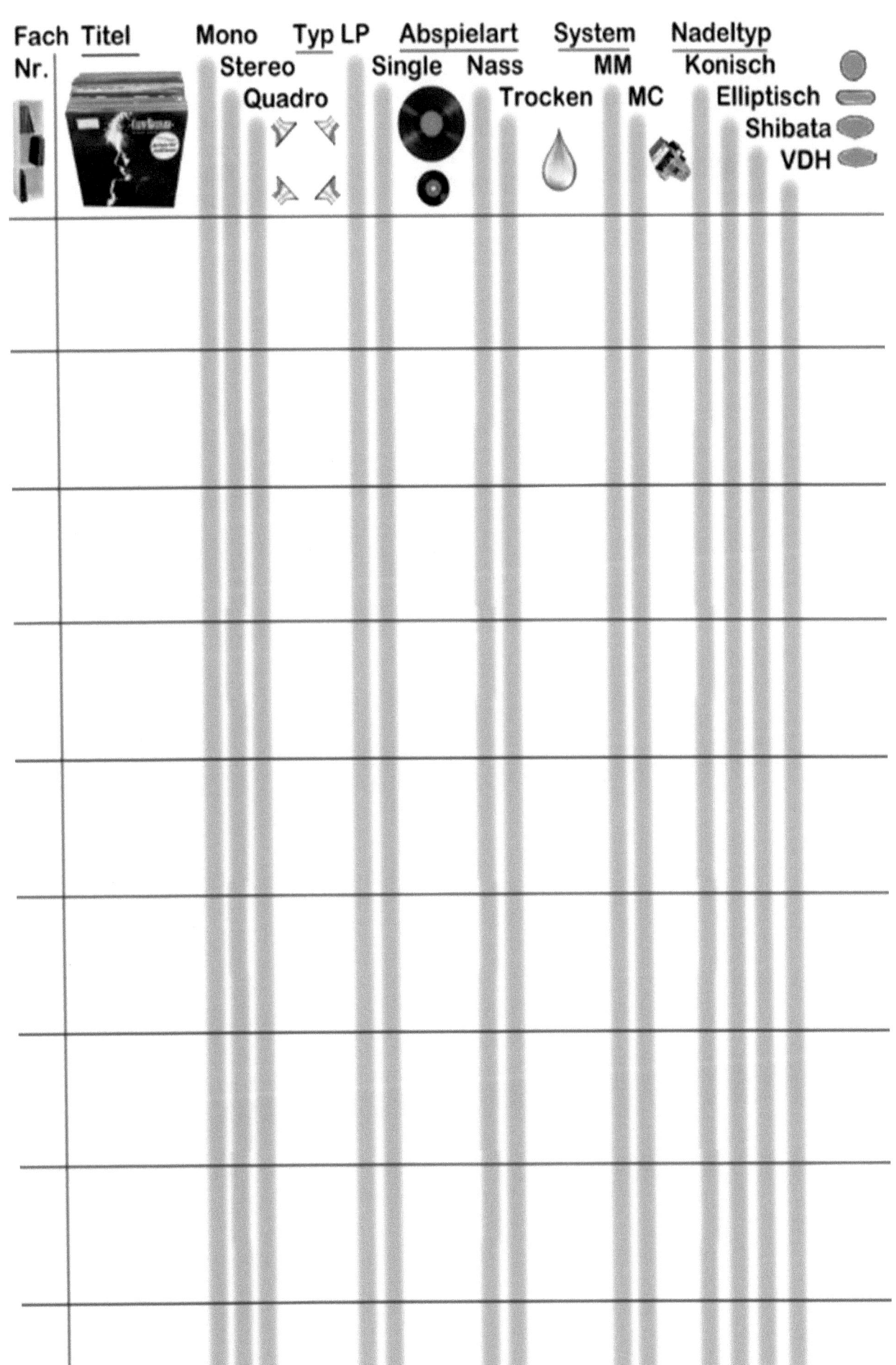

Fach Nr.	Titel	Mono Stereo Quadro	Typ	LP	Abspielart Single	Nass Trocken	System MM MC	Nadeltyp Konisch Elliptisch Shibata VDH

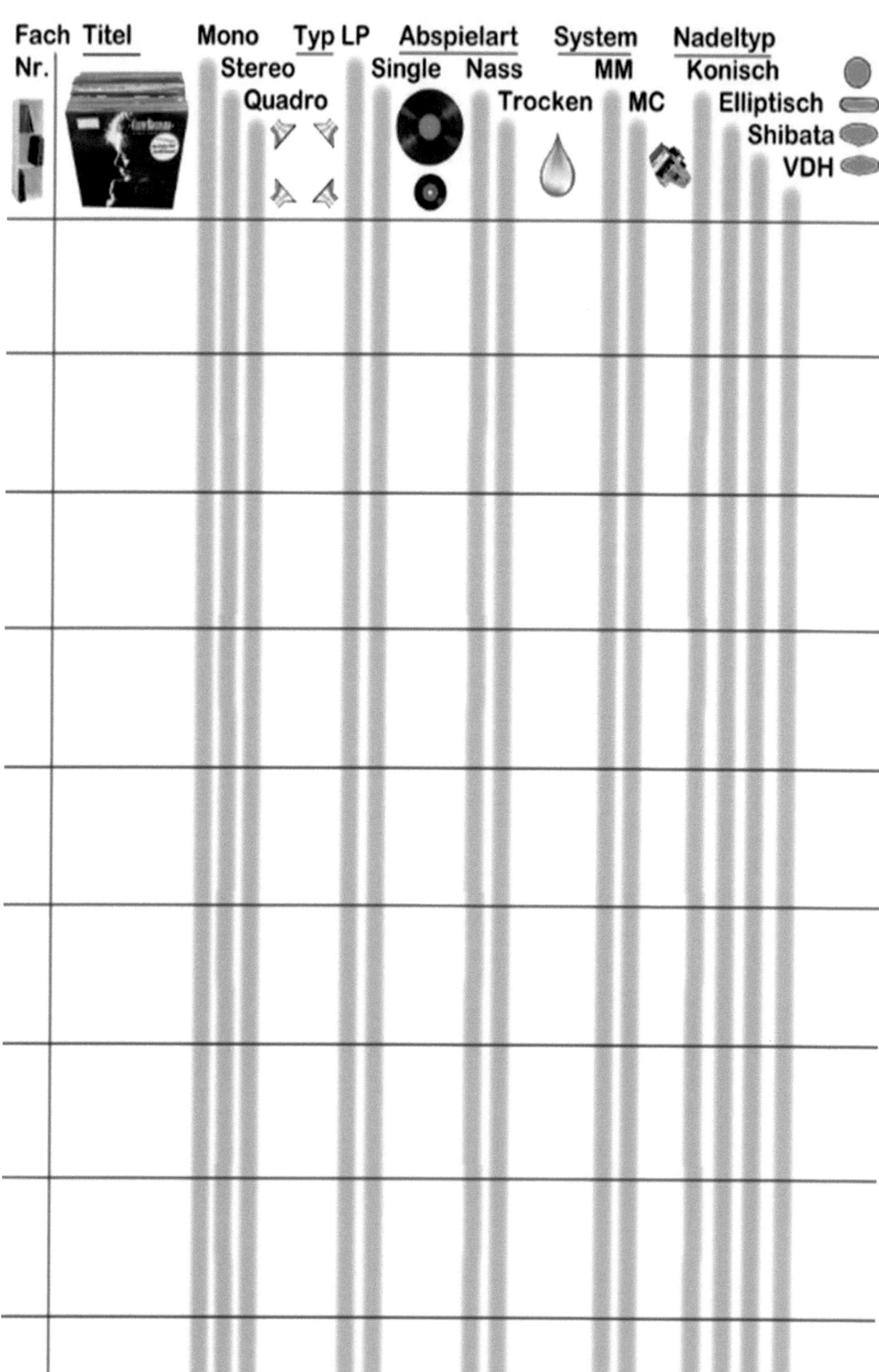

Fach Nr.	Titel	Mono Stereo Quadro	Typ LP Single	Abspielart Nass Trocken	System MM MC	Nadeltyp Konisch Elliptisch Shibata VDH

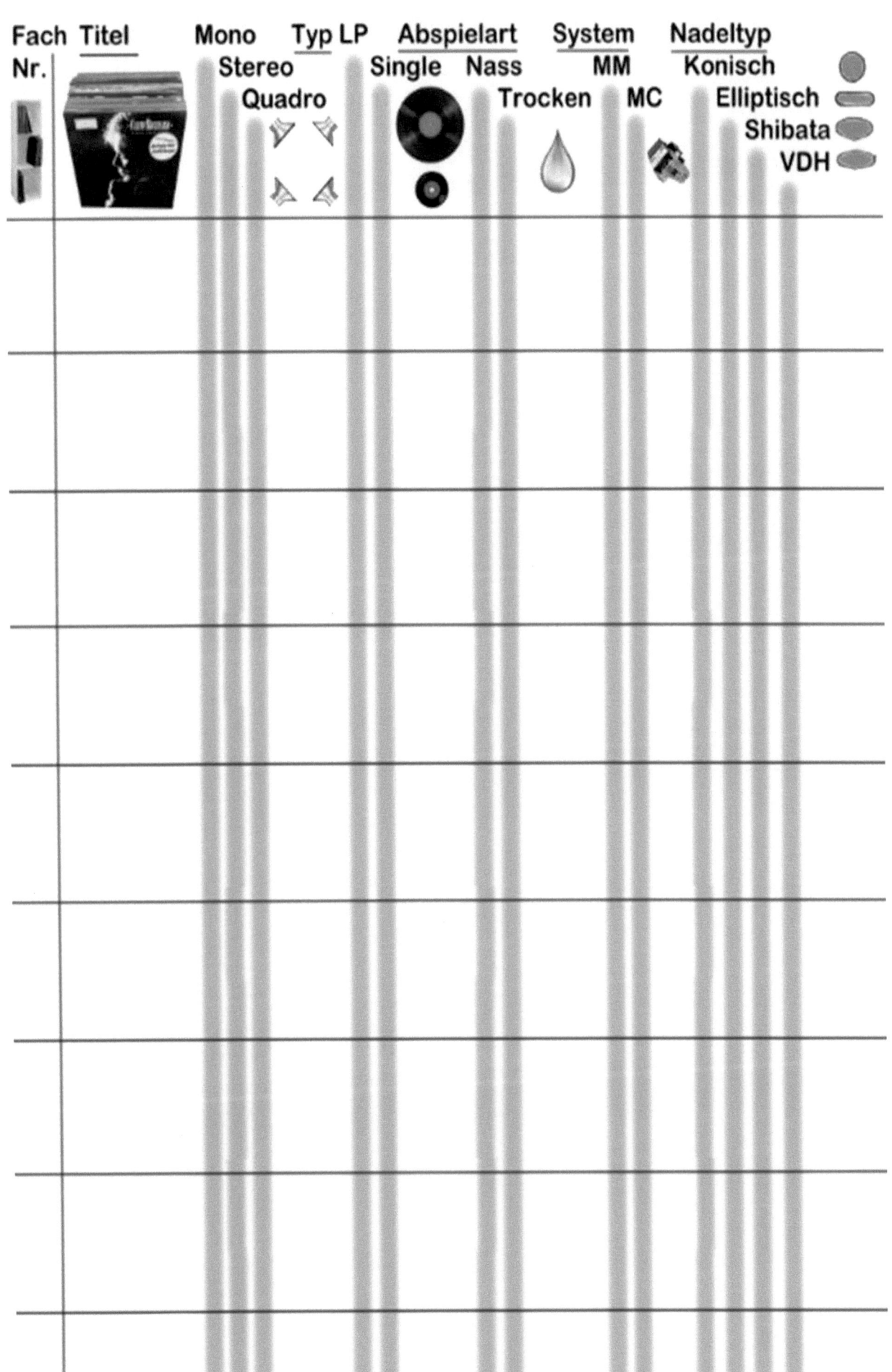

Fach Nr.	Titel	Mono Stereo Quadro	Typ LP	Abspielart Single	Nass Trocken	System MM MC	Nadeltyp Konisch Elliptisch Shibata VDH

Fach Nr.	Titel	Mono Stereo Quadro	Typ LP Single	Abspielart	System Nass Trocken	MM MC	Nadeltyp Konisch Elliptisch Shibata VDH

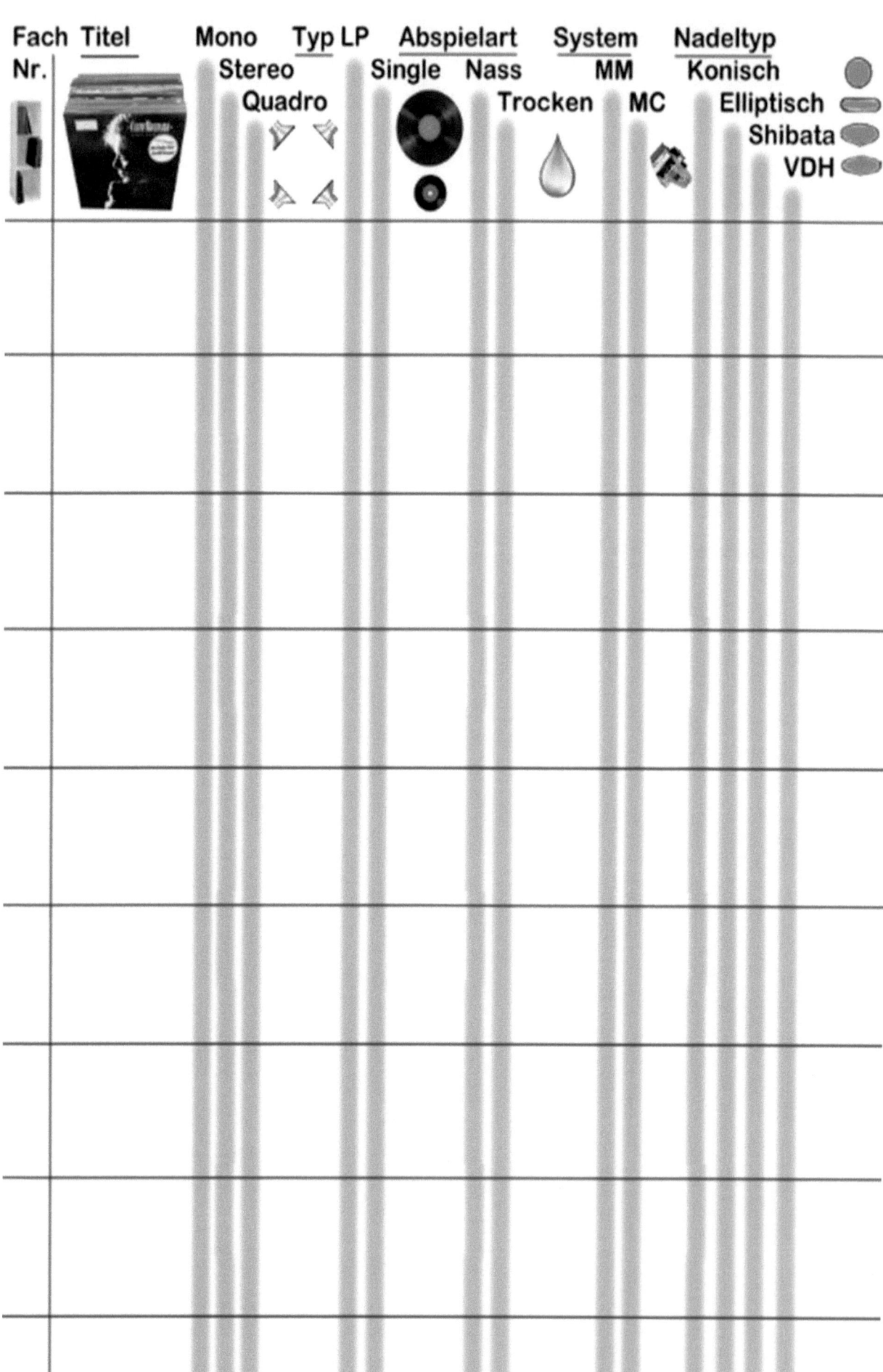

Fach Nr.	Titel	Mono Stereo Quadro	Typ LP Single	Abspielart	Nass Trocken	System MM MC	Nadeltyp Konisch Elliptisch Shibata VDH
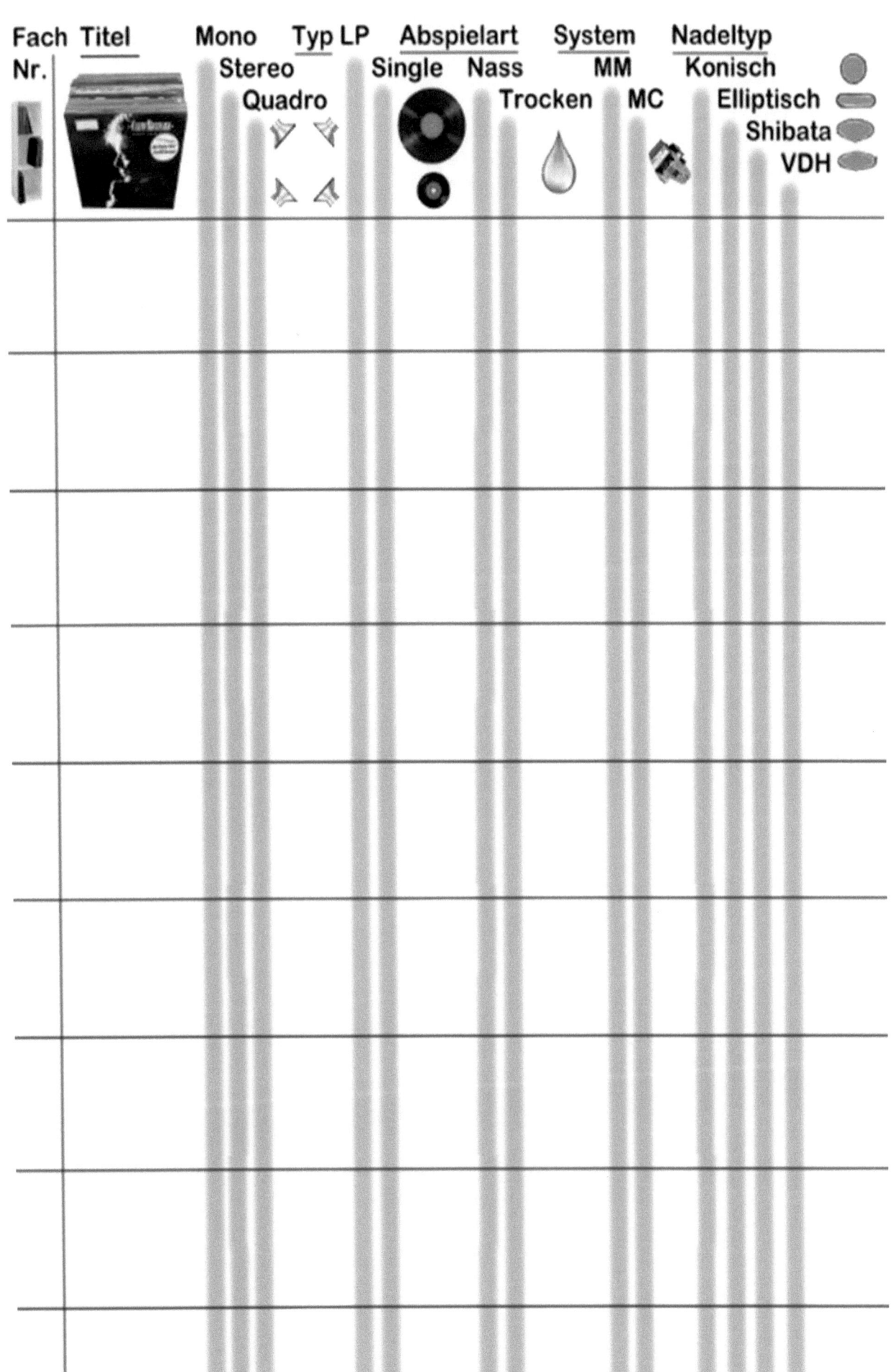

Fach Nr.	Titel	Mono Stereo Quadro	Typ LP Single	Abspielart Nass Trocken	System MM MC	Nadeltyp Konisch Elliptisch Shibata VDH

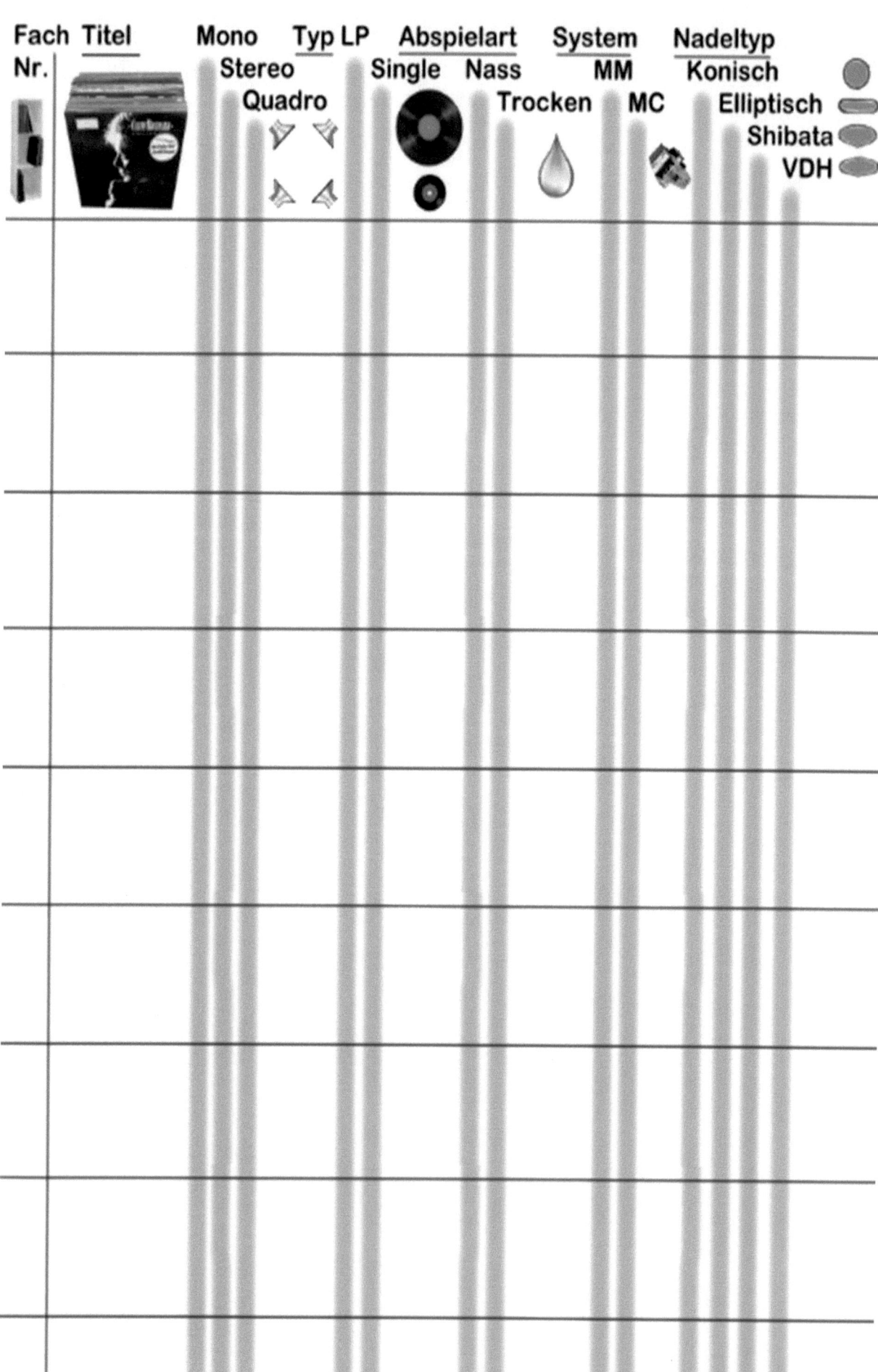

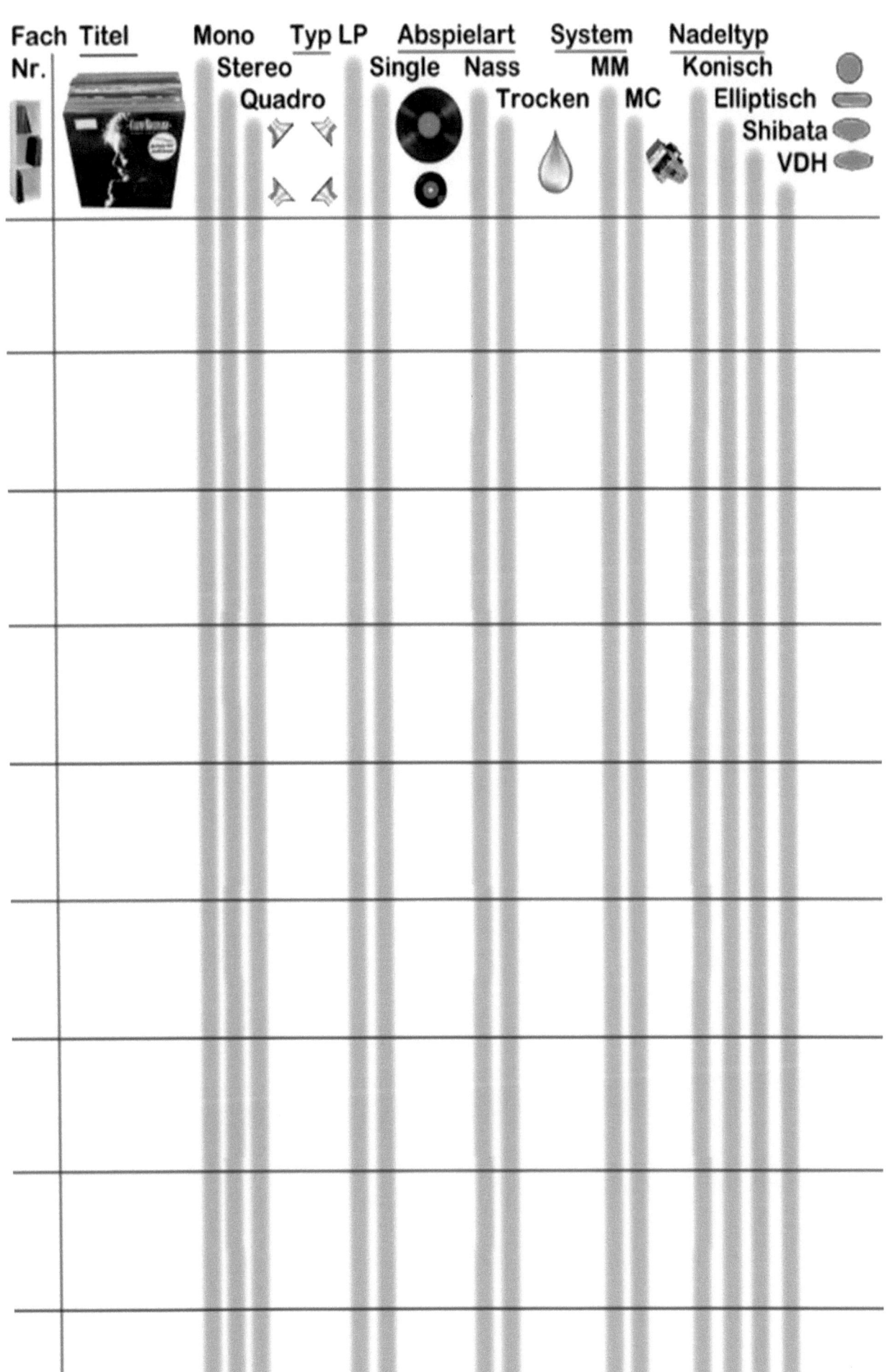

Fach Nr.	Titel	Mono Stereo Quadro	Typ	LP Single	Abspielart Nass Trocken	System MM MC	Nadeltyp Konisch Elliptisch Shibata VDH

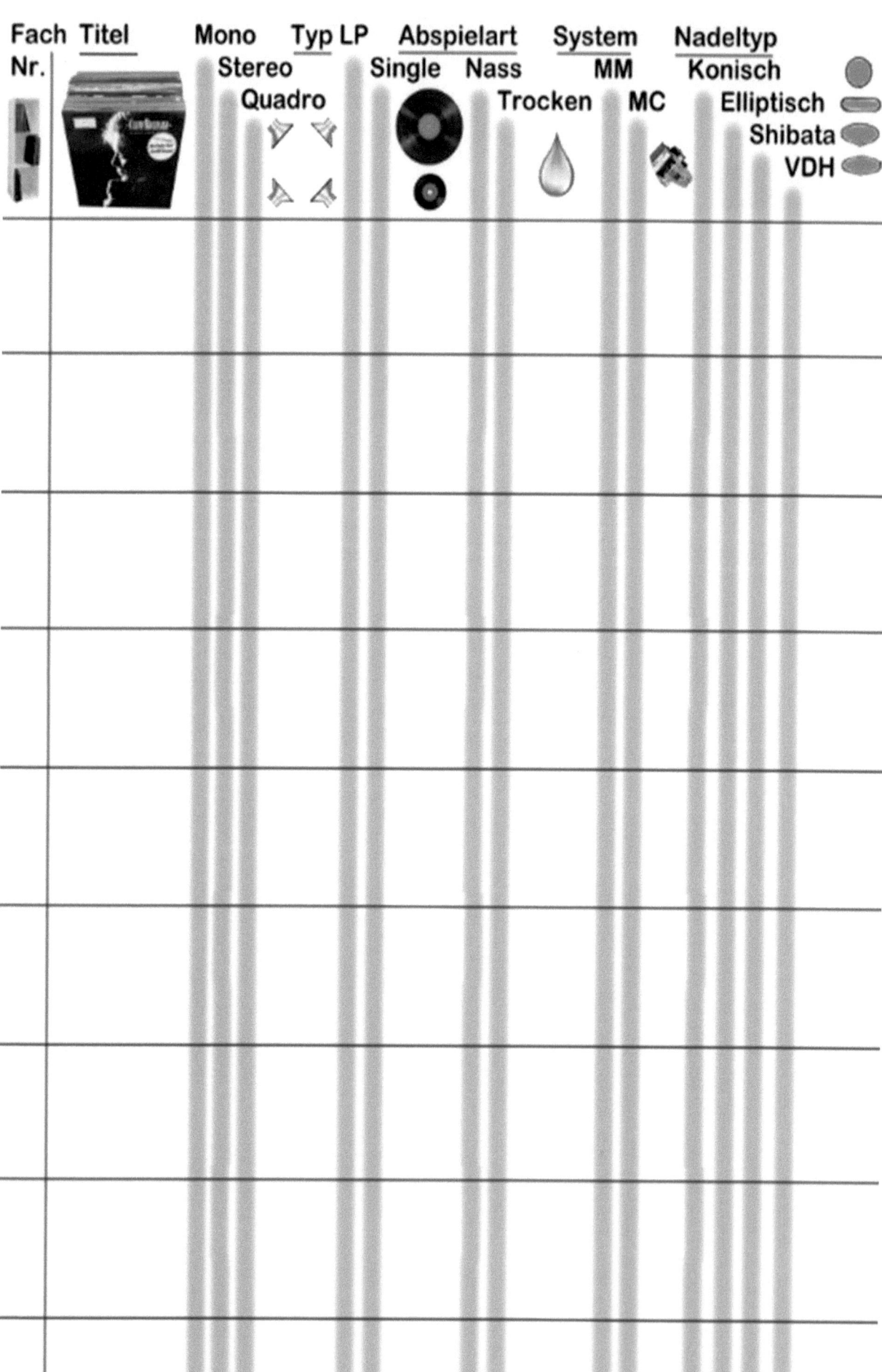

Fach Nr.	Titel	Mono Stereo Quadro	Typ	LP Single	Abspielart Nass Trocken	System MM MC	Nadeltyp Konisch Elliptisch Shibata VDH

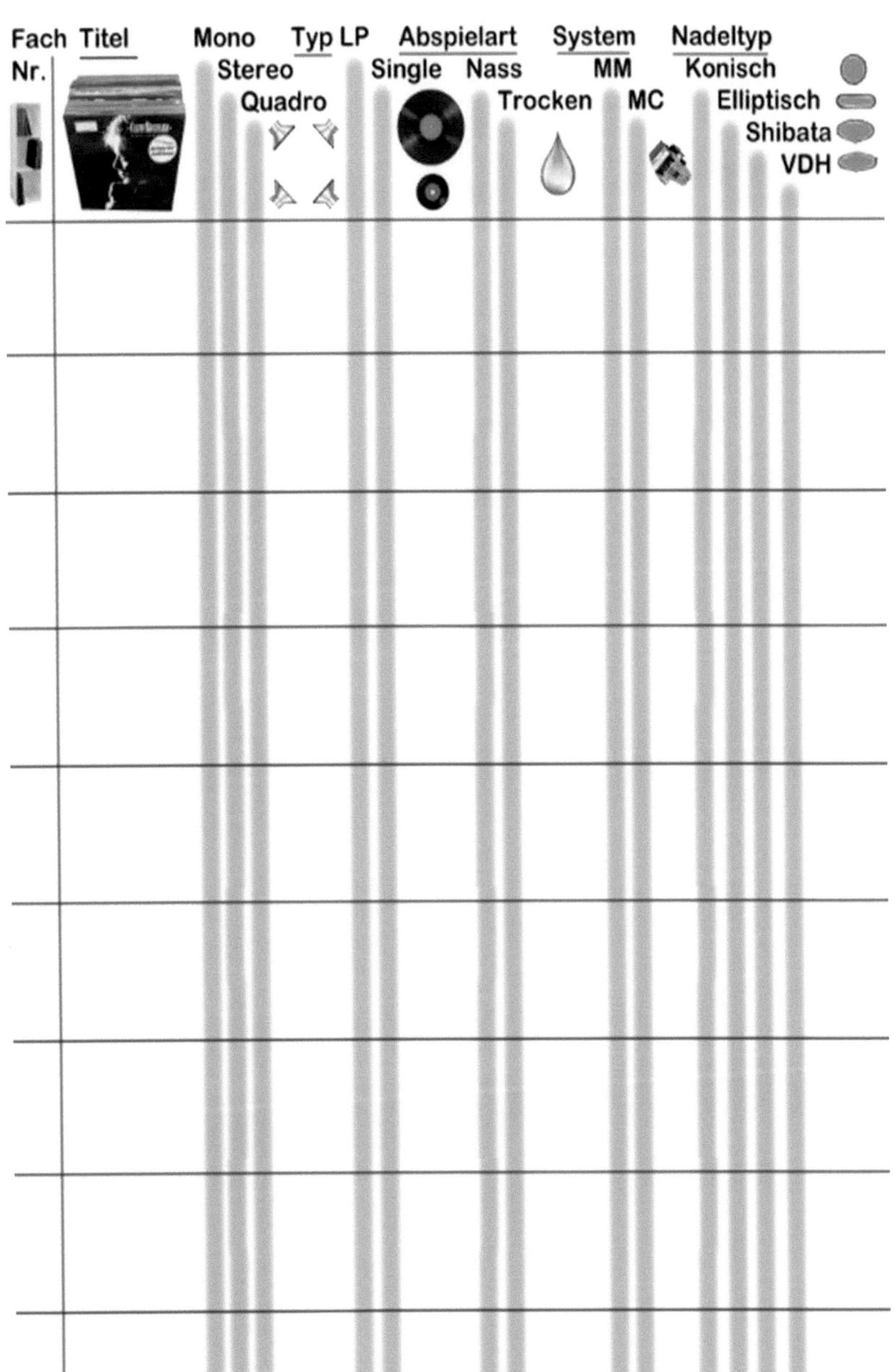

Fach Nr.	Titel	Mono Stereo Quadro	Typ	LP Single	Abspielart	Nass Trocken	System MM MC	Nadeltyp Konisch Elliptisch Shibata VDH

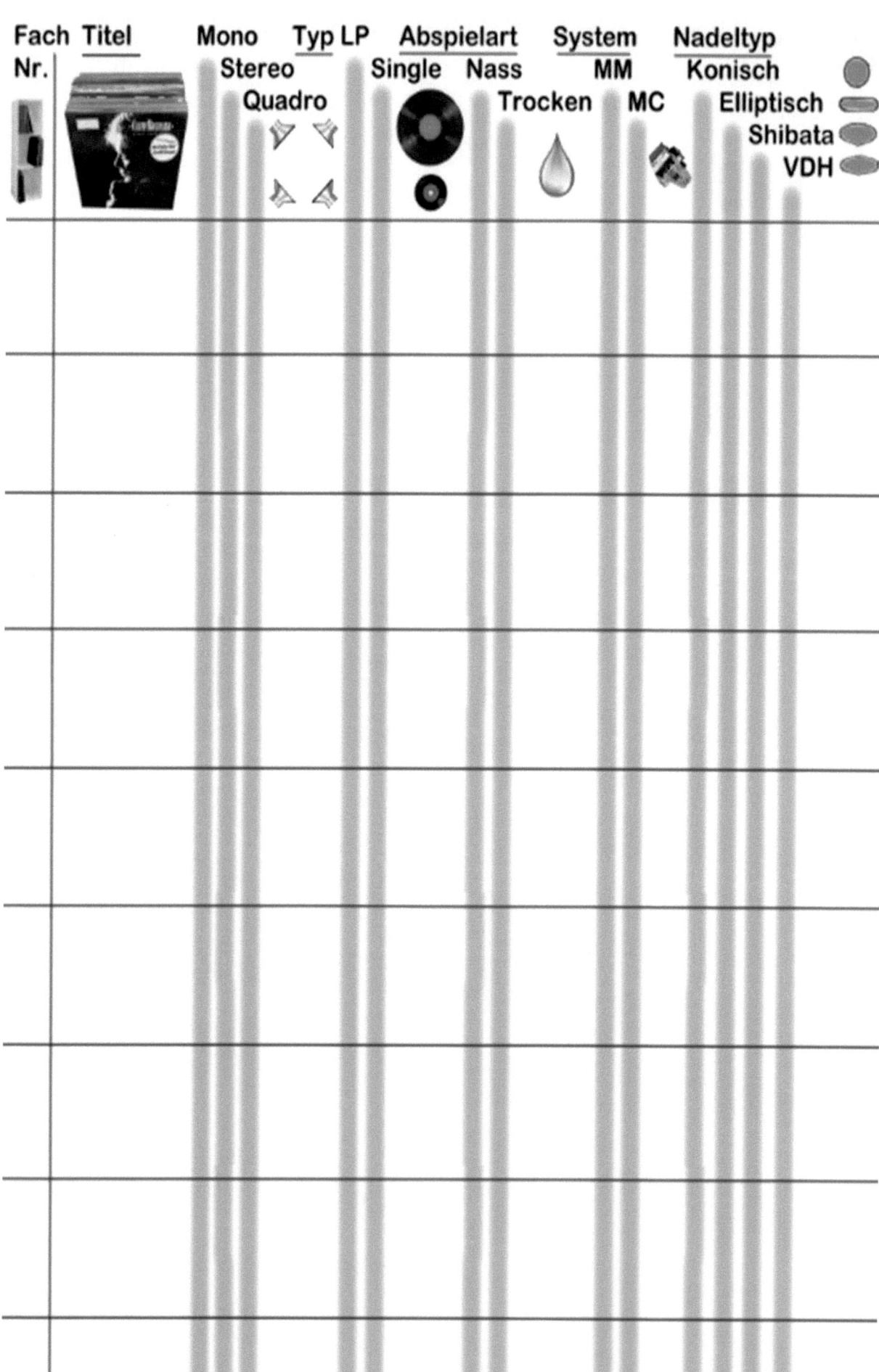

Fach Nr.	Titel	Mono Stereo Quadro	Typ LP Single	Abspielart Nass Trocken	System MM MC	Nadeltyp Konisch Elliptisch Shibata VDH

Fach Nr.	Titel	Mono Stereo Quadro	Typ LP	Abspielart Single	Nass Trocken	System MM MC	Nadeltyp Konisch Elliptisch Shibata VDH
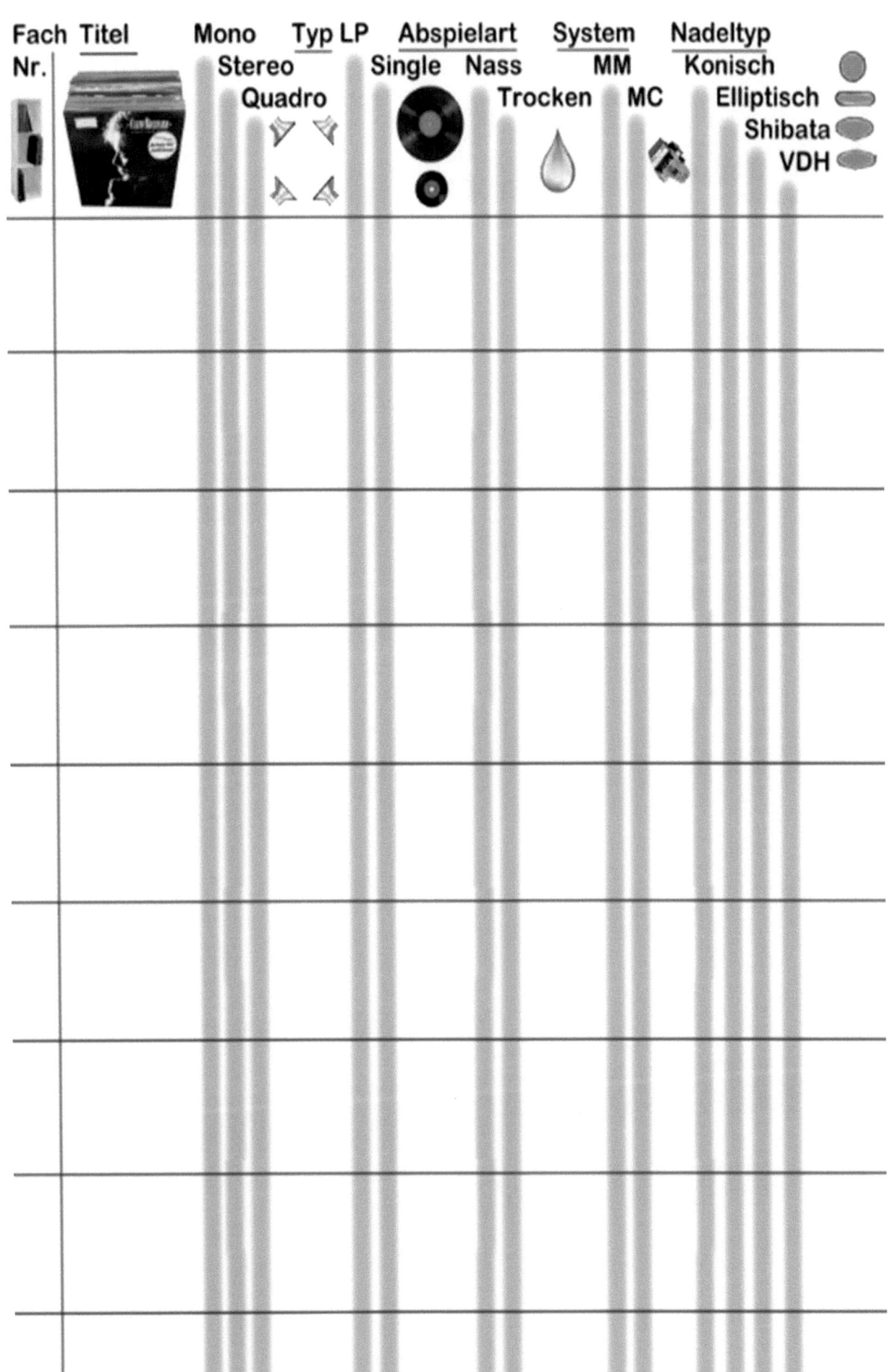

Fach Nr.	Titel	Mono Stereo Quadro	Typ	LP Single	Abspielart Nass Trocken	System MM MC	Nadeltyp Konisch Elliptisch Shibata VDH

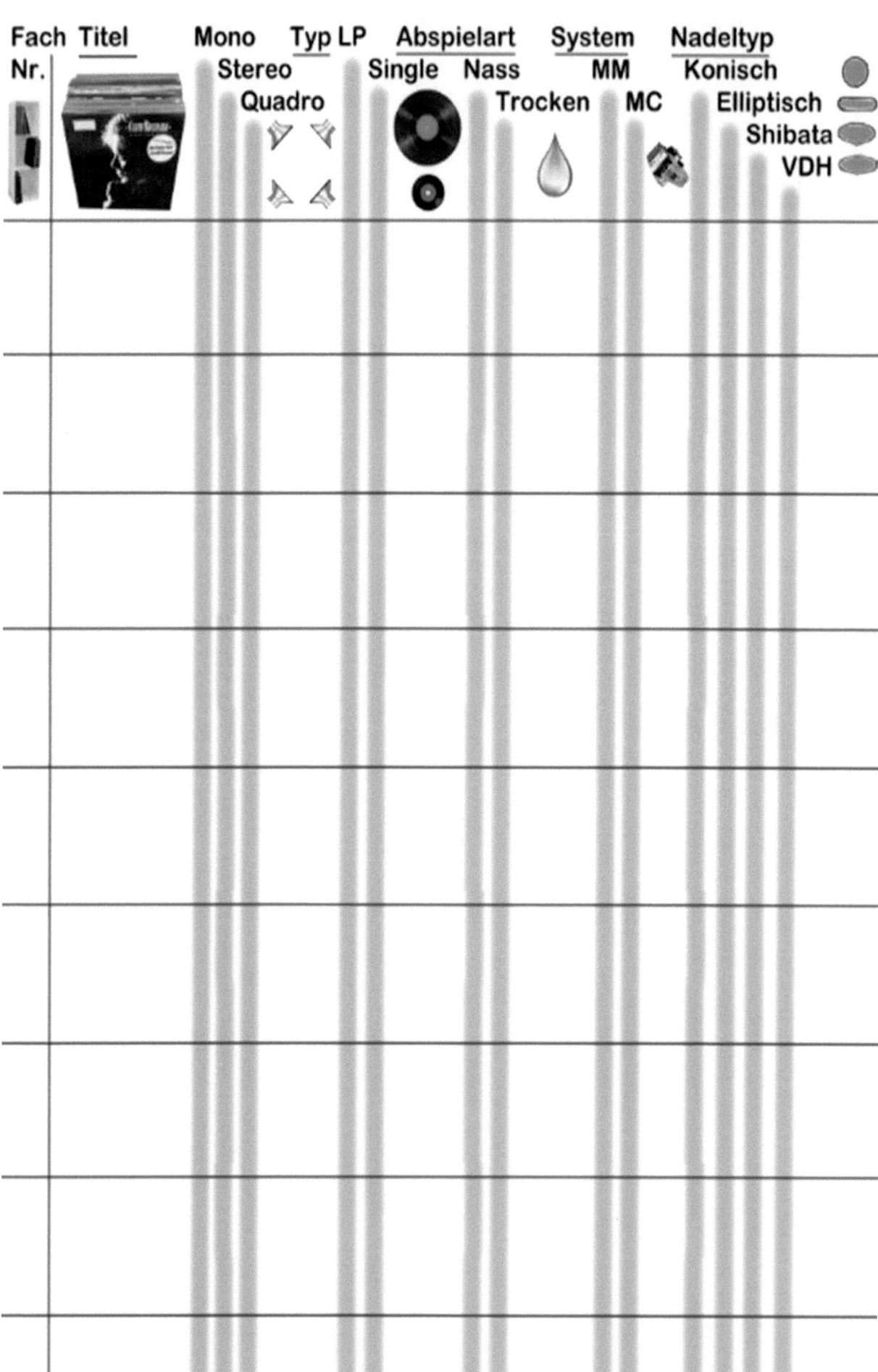

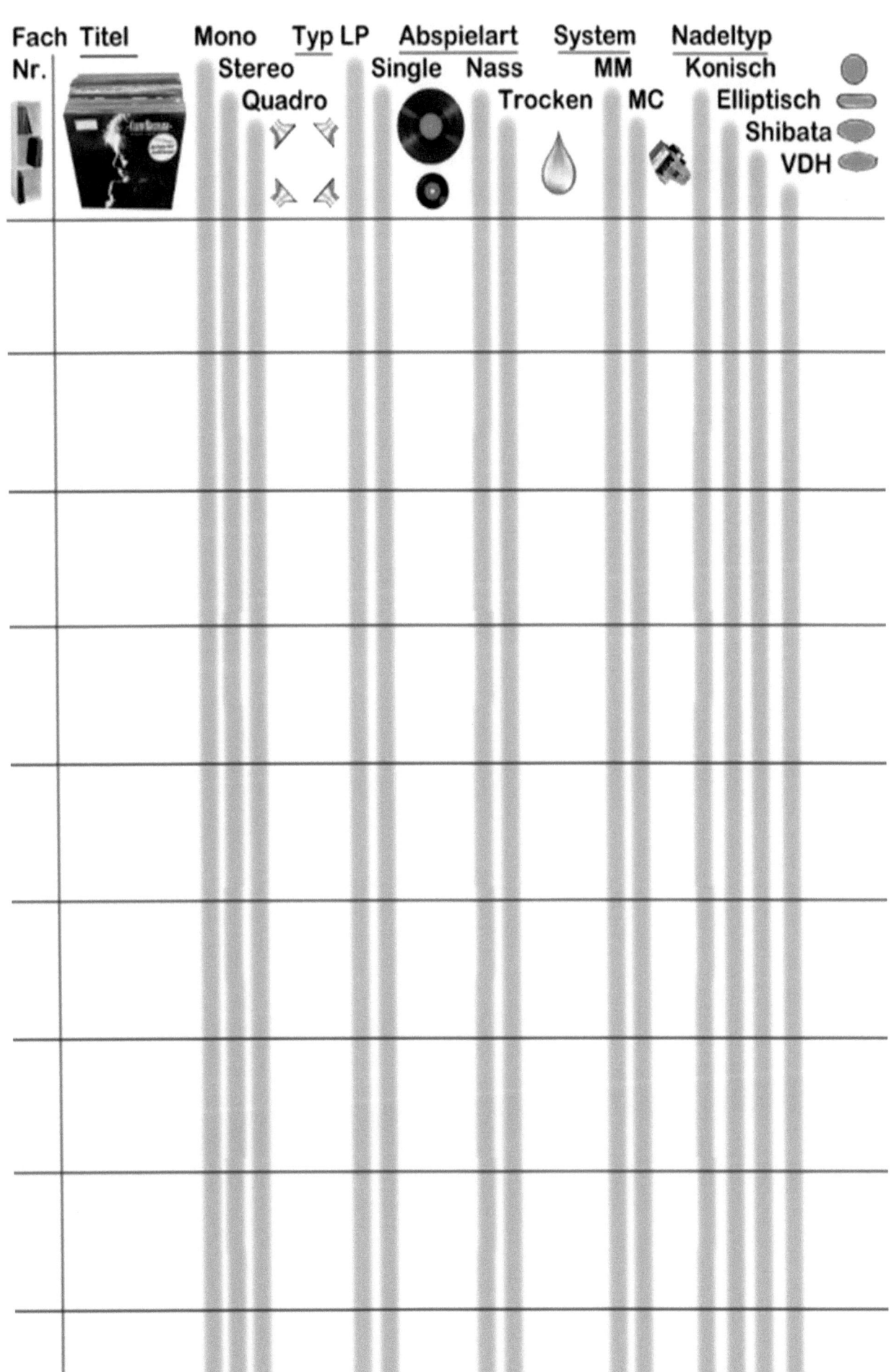

Fach Nr.	Titel	Mono Stereo Quadro	Typ	LP Single	Abspielart Nass Trocken	System MM MC	Nadeltyp Konisch Elliptisch Shibata VDH

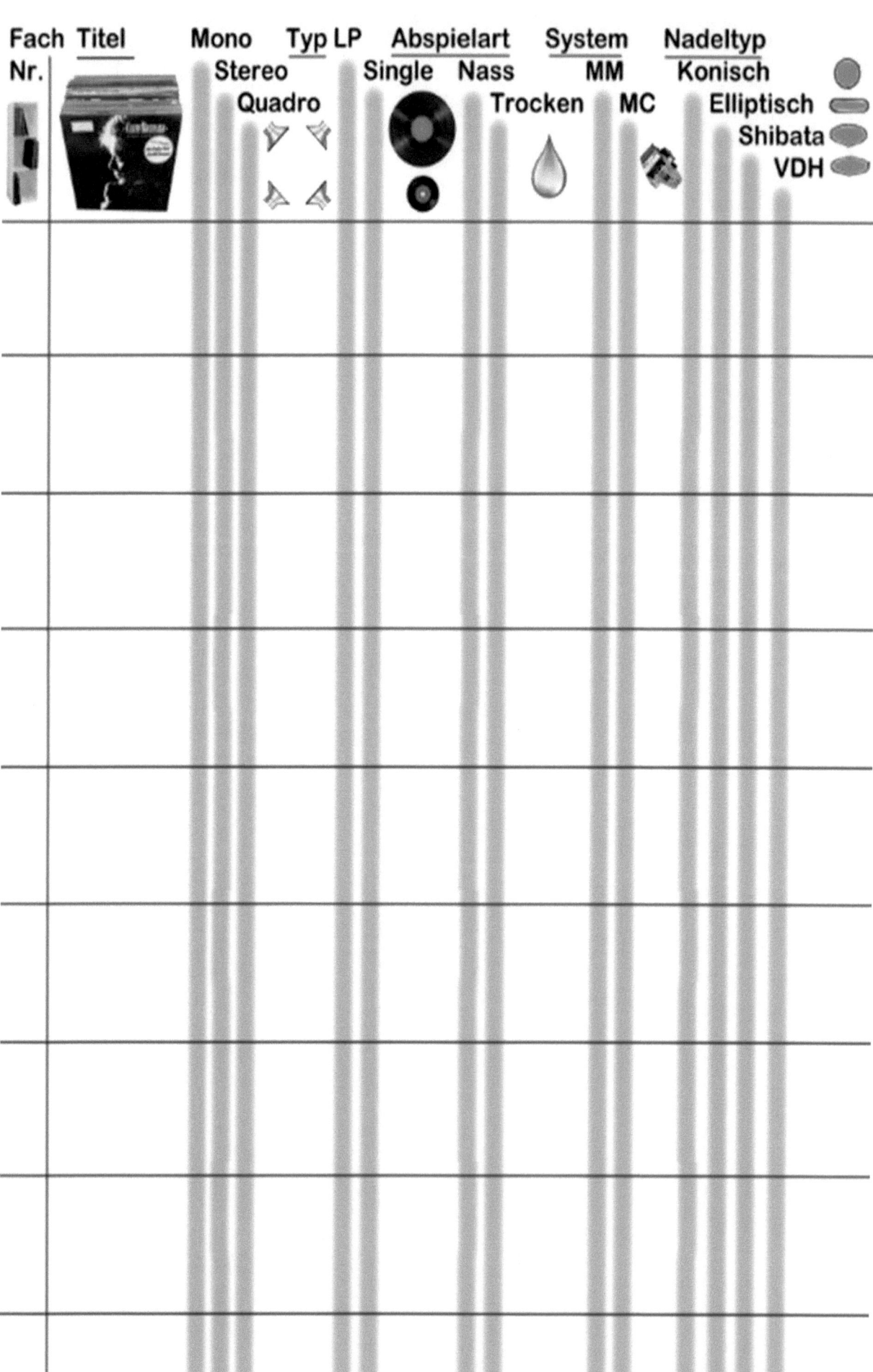

Fach Nr.	Titel	Mono Stereo Quadro	Typ LP Single	Abspielart Nass Trocken	System MM MC	Nadeltyp Konisch Elliptisch Shibata VDH

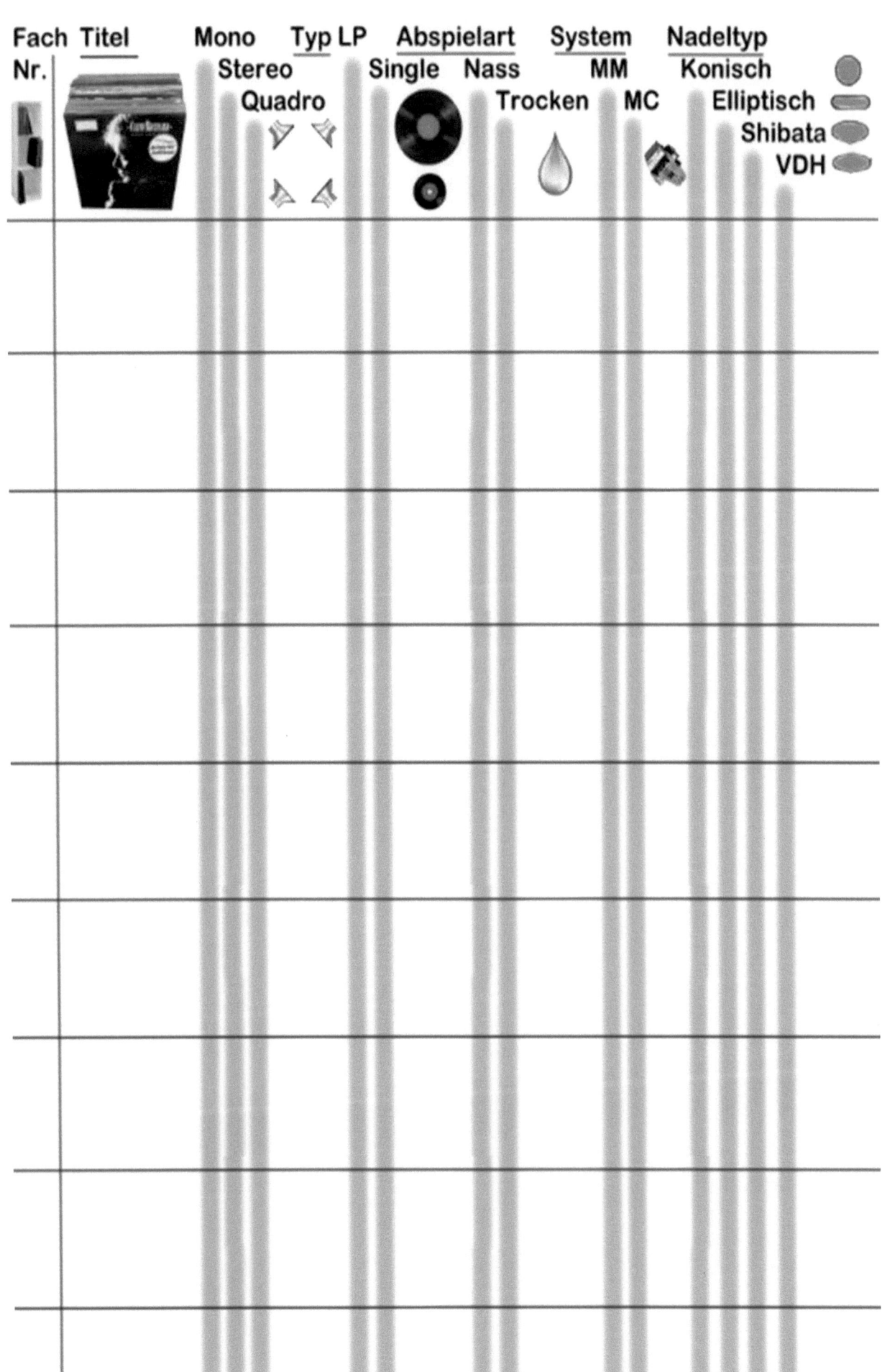

Fach Nr.	Titel	Mono Stereo Quadro	Typ	LP Single	Abspielart	Nass Trocken	System MM MC	Nadeltyp Konisch Elliptisch Shibata VDH

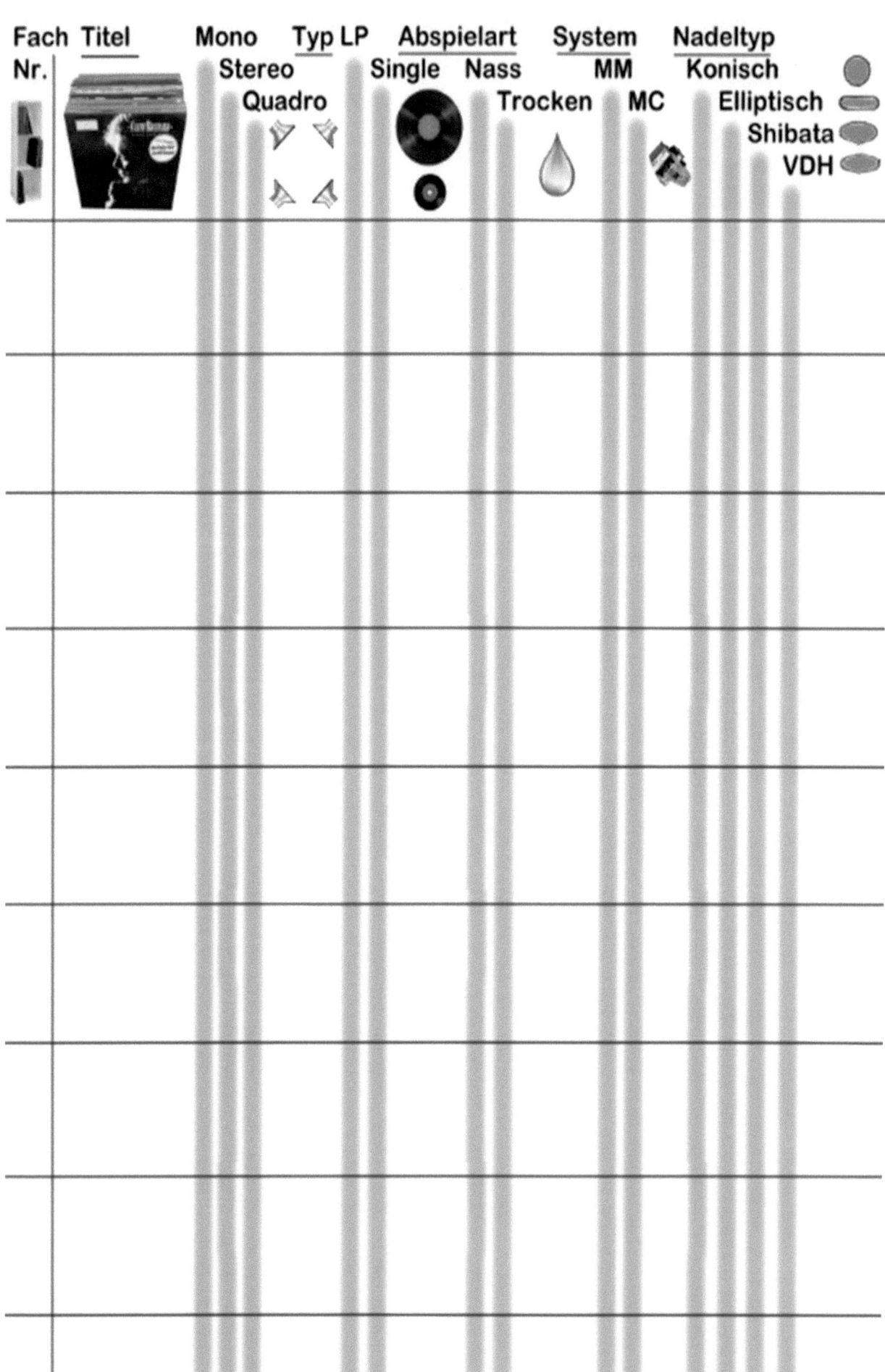

Fach Nr.	Titel	Mono Stereo Quadro	Typ LP	Abspielart Single	Nass Trocken	System MM MC	Nadeltyp Konisch Elliptisch Shibata VDH

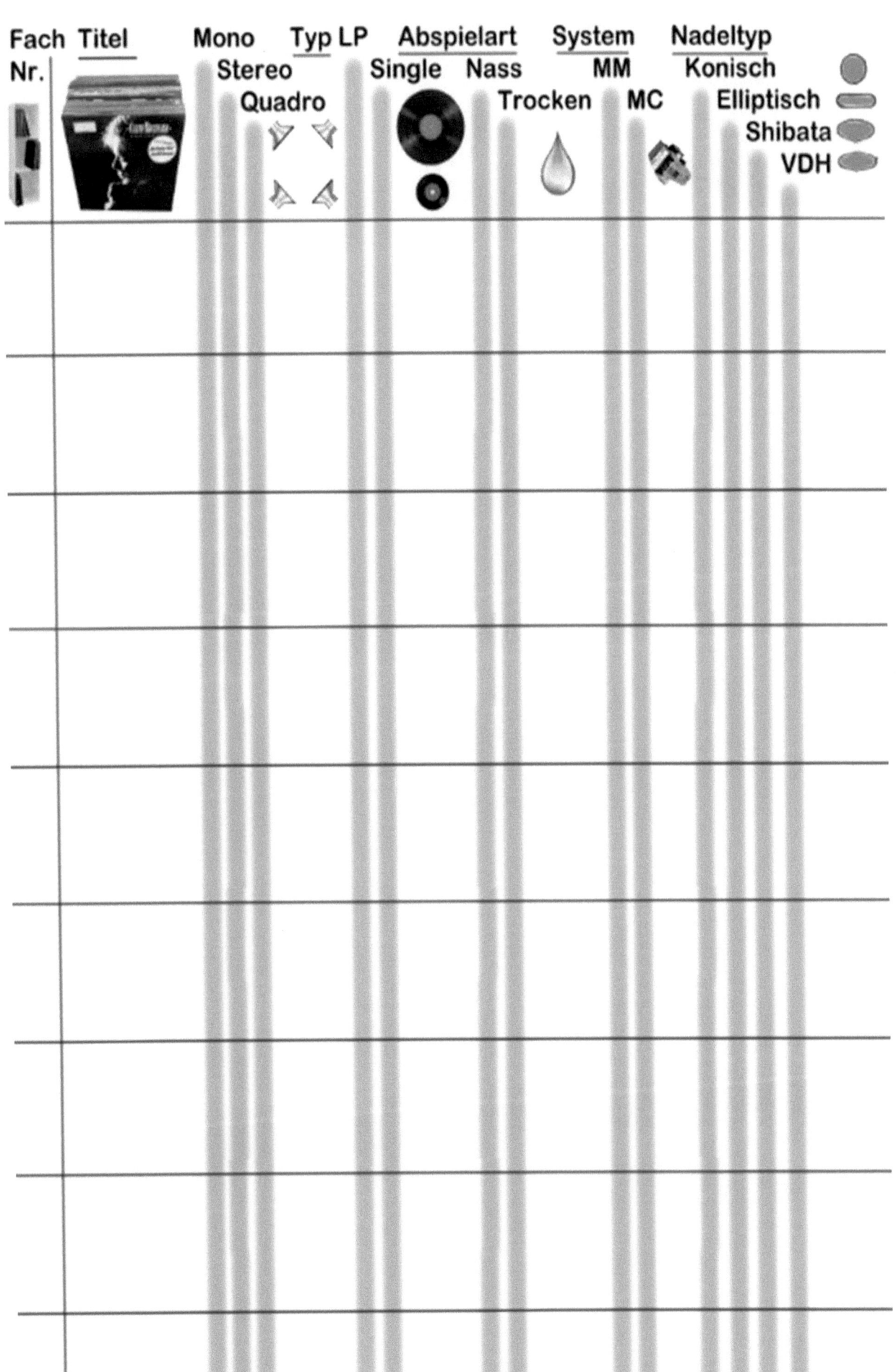

Fach Nr.	Titel	Mono Stereo Quadro	Typ	LP Single	Abspielart	Nass Trocken	System MM MC	Nadeltyp Konisch Elliptisch Shibata VDH

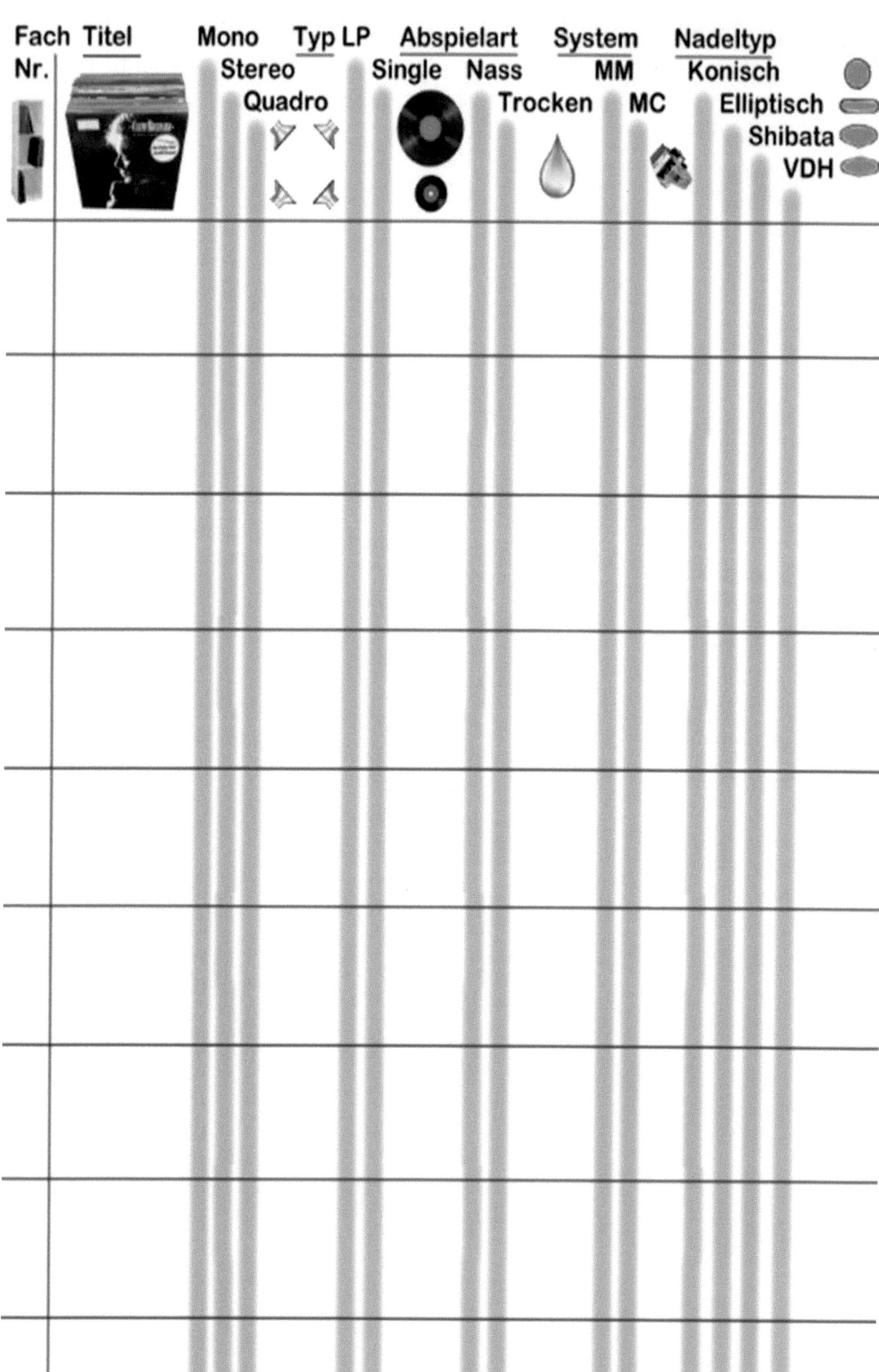

Fach Nr.	Titel	Mono Stereo Quadro	Typ LP	Abspielart Single Nass	Trocken	System MM MC	Nadeltyp Konisch Elliptisch Shibata VDH

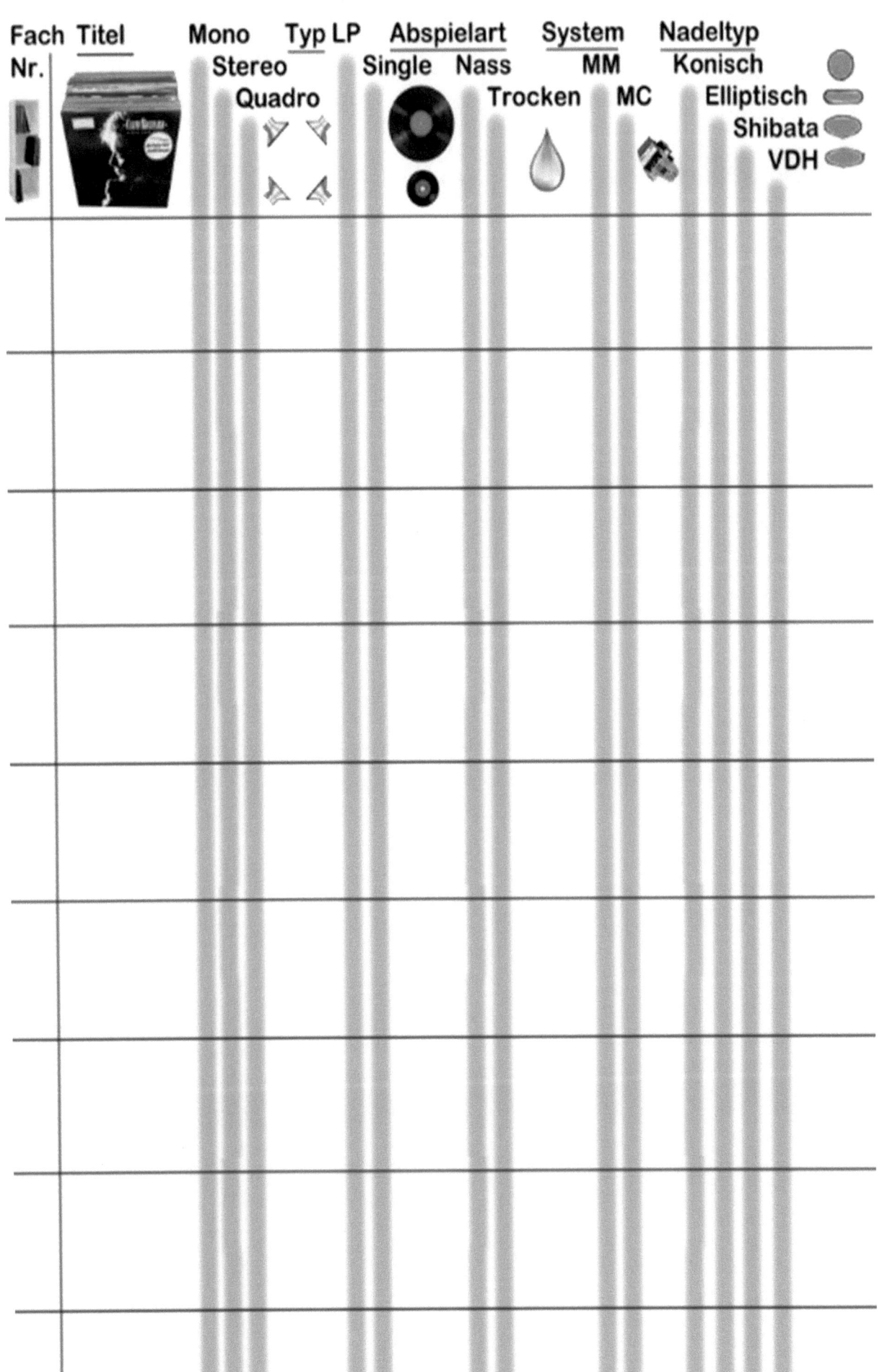

Fach Nr.	Titel	Mono Stereo Quadro	Typ LP Single	Abspielart Nass Trocken	System MM MC	Nadeltyp Konisch Elliptisch Shibata VDH

Fach Nr.	Titel	Mono Stereo Quadro	Typ LP	Abspielart Single	Nass Trocken	System MM MC	Nadeltyp Konisch Elliptisch Shibata VDH
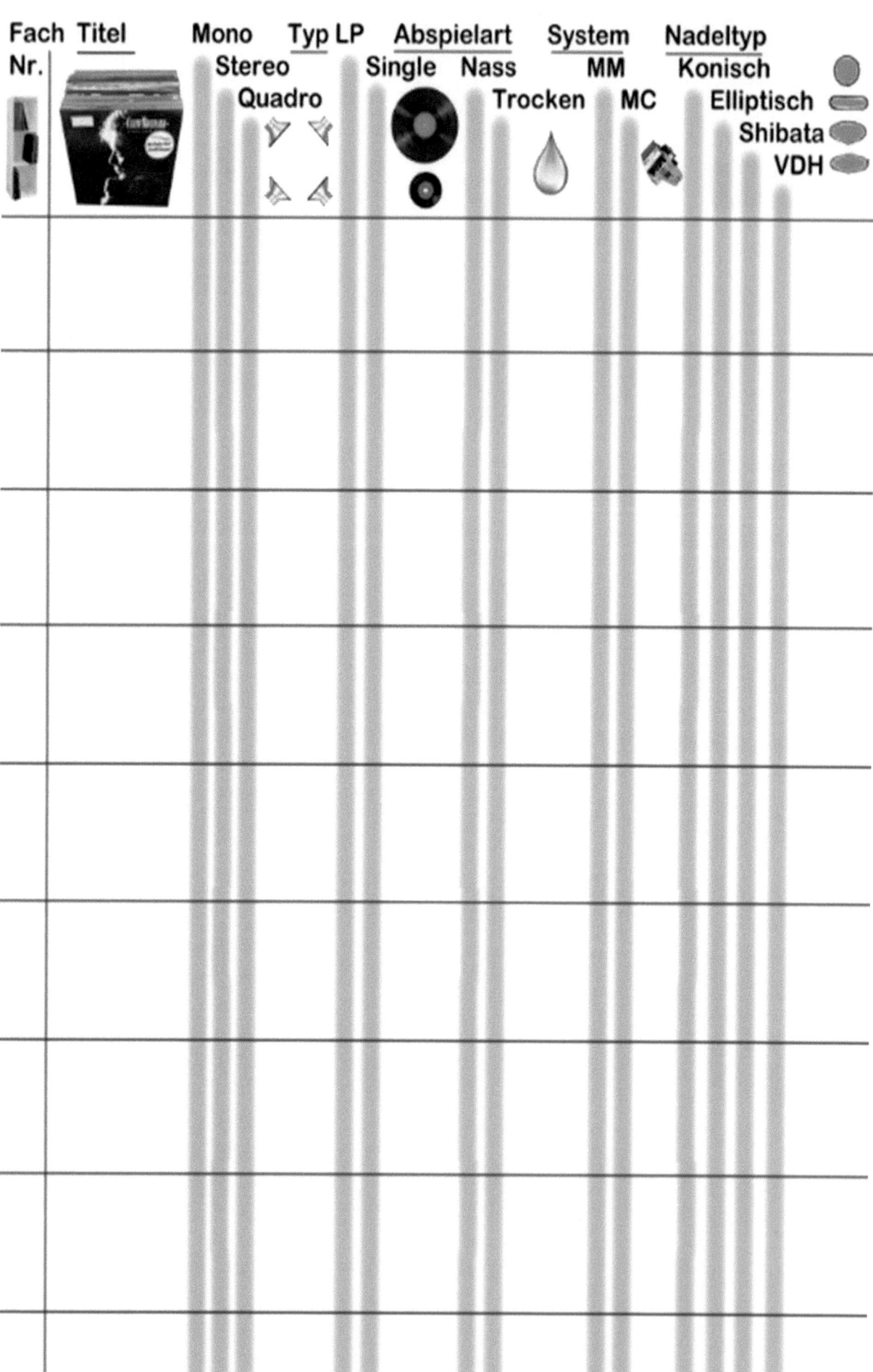